성령
약속과
성취

일러두기

1. 별도의 표기가 없는 성경구절은 개역개정 성경을 인용한 것입니다.
2. 본서의 '4장 생수의 강'은 〈기독교개혁신보〉 2021년 4월 21일, 5월 6일자에 실린 내용입니다.

성령
약속과
성취

우리 시대를 위한
성경적 역사적 성령론

도지원 지음

아가페

추천의 글

———

● 지역교회를 담임하는 목회자로서 늘 학구적인 자세를 잃지 않으려고 애쓰시는 도지원 목사님이 성령을 주제로 귀한 책을 저술해 주셨다. 저자는 개혁주의 청교도 전문가답게 철저하게 성경을 바탕으로 성령에 관한 약속과 성취가 어떻게 역사 속에서 전개되어 나가는지를 그려주고 있다. 저자는 성령의 역사를 은사나 능력으로 축소하는 입장과, 지나치게 조심스러운 나머지 성령에 대해 무관심한 입장을 모두 경계한다. 성령은 구속사를 이루어가는 주체로서 교회와 성도의 삶을 주관하는 실체임을 강조한다. 구약의 선지자들과 예수가 선포한 성령에 관한 약속이 어떻게 그리스도와 교회 안에서 성취되었는지 선명하게 기술하고 있다.

저자는 성령론을 전부 다루지는 않지만 성령의 실재성, 속성, 그리고 구속사적 역할에 대한 방대한 성경적 지식을 제공해 준다. 본서는 성도가 지니고 있는 성령에 대한 그릇된 시각을 바로잡아주고, 성경이 전하려고 하는 성령의 속성과 구속사적 역할을 잘 드러낸다. 일반 성도들이 성령에 관해 지니고 있는 축소주의적 이해의 위험성과 한계를 지적하면서, 성령의 구속사적 역할을 성경구절을 근거로 상세하게 가르쳐준다. 저자는 성령의 약속이 지금도 성도들 가운데 성취되고 있음을 언급하면서, 성도들이 자신의 삶 속에서 일하시는 성령의 역사를 항상 인식하며 살아야 함을 강조한다. 본서는 성령에 관한 이해가 양분되어 있는 한국 교회에 성경이 가르치고 제시하는 성령의 역할이 무엇인지 선명하게 가르쳐준다. 책의 서두부터 말미까지 철저하게 성경구절을 인용하며 성경의 권위에 의지해 자신의 신학적 입장을 진술해 가는 저자의 성실함이 매우 돋보인다. 성령에 관심 있는 목회자, 신학생, 일반 성도 모두 일독을 권한다.

_ 김학유(합동신학대학원대학교 총장)

● 개혁신학의 토대이며 체계를 확립한 17세기 개혁신학에서, 성령론은 신론이나 기독론과 달리 별도의 주제로 다루어지지 않았다. 이것은 성령 하나님에 관한 논의를 중요하지 않게 여겨서 그런 것이 아니다. 개혁신학은 전통적으로 성령론을 성령 하나님의 존재와 관련해서는 삼위일체론에서 다루고, 또 사역에 관해서는 중생케 하시고 의롭다 하시며 거룩하게 하시는 구원론 안에서, 또 그리스도의 존재와 사역에 관해서는 기독론 안에서, 그리고 교회론와 종말론에서 각각 성령 하나님에 관한 내용을 다루어 왔다.

저자는 이 책을 통해 이렇게 흩어져 있는 성령 하나님의 사역을 구속사적 성경신학의 관점에서 성령의 약속과 성취에 대해, 또 개혁신학적 관점에서 기독론과 구원론, 그리고 교회론으로 정리해 독자에게 탁월하게 제시했다.

이 책을 독자에게 권하는 가장 우선적인 이유는, 이 책이 목회자에게 직접적으로 다가오는 생생한 신학과 말씀의 조합을 보여준다는 사실에 있다. 신학의 논점을 이해하는 데 필요한 질문을 단계마다 요소마다 적절히 제시해 학습의 만족도를 높여준다. 글을 읽으면서 떠오르는 질문을 저자는 거의 빠뜨리지 않고 다루며, 이에 대한 저자의 설명을 준다.

이 책이 주는 만족도는 성령 세례와 권능, 그리고 내주에 대해 풀어가는 저자의 구속사적 안목에서 시작된다. 그리고 기독론, 구원론, 교회론을 망라하는 교리체계를 만나는 즐거움으로 확장된다. 말하자면 저자는 성령론이라는 논제의 한 줄기로 중요 신학체계를 드러내는 신학적 소양과 이해를 보여준다. 아울러 성경 본문을 풀어가면서 교리적 주제를 성령론의 관점에서 전개하는 이 책의 진술방식은 저자가 성경과 교리의 교사로 수고를 다해 온 목회자임을 잘 보여준다. 이러한 장점은 이 책이 독자가 신학자든 목회자든 더 나아가 일반 성도든 누구에게라도 크게 유익할 것임을 확신하게 한다. 이 책을 읽는 독자는 성령 하나님을 성경과 신학을 따라 올바르게 배워가는 기쁨을 얻음과 동시에, 사역자로서 가르치는 큰 힘을 얻게 될 것이다. 저자의 노력에 경의를 표하며, 널리 읽히기를 바라는 마음이 간절하다.

_ 김병훈(합동신학대학원대학교 조직신학 교수)

● 오늘날은 성령의 시대라고 할 만큼 성령을 강조한다. 교파와 교단을 막론하고, 자신의 신학적 입장과는 상관없이 실제 목회현장에서는 성령에 대한 견해에 차이가 거의 없고, 잘못된

이해에서 비롯된 성령에 대한 오해가 만연하고 있다. 이러한 때 항상 신학적인 관심과 기초 위에서 귀한 목회를 감당하시는 도지원 목사님의 성령에 대한 책이 발간된 것은 매우 시의적절하다. 책의 곳곳에는 단순히 학문적인 논의를 위한 논의가 아니라 목회적인 동기에서 비롯한 실제적인 관심사가 생생하게 드러난다. 그 결과 이 책은 현실적으로 목회현장에서 쉽게 발견할 수 있는 성령에 관한 중요한 오해를 발견하고, 성경적인 해답을 제시하는 일도 게을리하지 않는다. 또 성령론 전체를 다루었다고 할 수는 없으나, 실제 성도들의 구원과 구원받은 자의 거룩한 삶에 절실히 필요한 성령에 대한 진리가 치우침 없이 골고루 제공되고 있다. 성령의 오심과 사역을 하나님의 약속과 성취의 관점으로 바라보면서, 성령에 관한 전반적이고 필수적인 내용을 치우침이나 편견 없이 골고루 잘 설명하고 있는 것이 큰 장점이다.

특히 신학적으로 개혁주의 신학적 입장에 굳게 서 있으며, 성경적 증거를 풍부하게 제공하고 있는 것이 매우 인상적이다. 많은 경우 성령의 역사를 다룰 때 개인의 구원에 있어서 성령이 감당하는 역할에만 집중하기 쉬운데, 그러한 성령의 역사를 충분히 다루면서도 그에 국한되지 않고 더 넓은 구속사적 스펙트럼을 가지고 성령의 광범위한 역할을 잘 설명하고 있다. 더 나아가 칭의나 회심의 사역뿐 아니라 실제로 성도가 거룩한 삶을 살아가는 데 성령이 어떤 역할을 하며, 어떤 수단을 사용해 그 사역을 감당하는지에 대한 설명은 이 책에서 얻을 수 있는 매우 값진 보물이다. 특히 성령이 그리스도의 구속 사역과 어떤 밀접한 관계가 있는지 쉬우면서도 신학적으로 건전하게 잘 설명되어 있다. 한국 교회 현장에서 성령에 대한 바르고 성경적인 이해가 굳게 서는 데 이 책이 기여하리라 믿는다. 모쪼록 개혁신학에 대한 굳건한 신뢰를 바탕으로 성도들의 영혼을 돌보고자 하는 귀한 열정에서 나온 이 책이 많은 이에게 읽히기를 바란다.

_ 김효남(총신대학교 신학대학원 역사신학 교수)

● 개혁주의 신학은 성령론을 홀대한다는 비난을 들었다. 성령론은 1980년대 이후 오순절 신학의 전유물처럼 여겨졌고, 대부분 은사주의와 치유 사역 및 기도원 운동에 동원되었다. 이와 동시에 개혁주의 진영에서 성령론 연구에 대한 반성이 일었고 활발한 연구가 진행되었다. 그러나 이런 연구는 주로 오순절의 성령 강림이 단회적인지 반복적인지, 또 성령의 세례가 중생과 같은

개념인지 다른지에 초점이 맞추어졌다. 연구 방식도 다분히 학문적이어서 일반 성도가 쉽게 이해하기 어려웠다. 이런 때에 학자 목회자인 도지원 목사님의 『성령 약속과 성취』가 출간되어 여간 기쁜 게 아니다. 본서는 세 가지 이유에서 모든 성도가 반드시 읽어야 할 책이다.

첫째, 본서는 성경적이다. 성경적 성령론은 단순히 오순절 성령 강림이 단회적인지 반복적인지, 성령의 세례가 중생을 의미하는지 그렇지 않은지에 제한되지 않는다. 저자는 세상의 창조부터 종말에 이르기까지 역사하시는 성령님을 창세기부터 요한계시록까지 성경 전체를 통해 매우 잘 드러낸다. 또 본서 전체를 성경강해로 시작해서 성경강해로 마감한다. 본서 어디를 펼쳐보아도 성령님과 관계된 말씀으로 가득하다.

둘째, 본서는 철저한 개혁주의 신학에 근거해 학문적으로 기술되었다. 그것은 본서에 서술된 매우 권위 있는 여러 개혁신학자의 인용글만 보아도 증명된다. 저자는 이런 면에서 성령의 세례와 회심의 관계를 밝히고, 동시에 오순절 성령 강림의 두 차원, 즉 반복될 수 없으며 반복될 수 있는 사건으로서 오순절의 의미를 훌륭하게 설명한다. 독자들은 저자의 이런 균형 잡힌 해설을 통해 개혁주의 성령론에 대한 통전적 이해를 할 수 있다.

셋째, 본서는 그럼에도 매우 대중적이다. 문체는 간결하고 이해하기 쉽다. 난해한 신학적 이슈를 쉽게 풀어내는 것은 저자만의 탁월한 능력이다. 더욱이 저자는 학문적 차원에서만 성령론을 다루지 않고, 성도의 능력 있는 구원적 삶의 측면에서 성령론을 강조한다. 성령께서 어떻게 우리를 부르셔서 하나님을 아버지로 부르게 하시고, 하나님의 말씀으로 어떻게 우리를 위로하고 기도하시며, 어떤 열매를 맺게 하시는지를 다룬다.

성령의 충만을 받는 것은 남들이 경험하지 못하는 어떤 신비한 체험을 하는 것이 아니라, 하나님을 더욱 사랑하고 그리스도를 더욱 닮아가며, 사람과의 관계에서 성령의 열매를 맺는 것이다(갈 5:22-23). 이런 의미에서 『성령 약속과 성취』는 읽으면 읽을수록 더 읽고 싶어지는 책이다. 이 책이 한국 교회와 성도에게 막대한 유익이 되기를 소망하며 일독을 권한다.

_ 신호섭(고려신학대학원 교의학 교수, 올곧은교회 담임목사)

"내가 이르노니 너희는 성령을 따라 행하라
그리하면 육체의 욕심을 이루지 아니하리라"

_ **갈 5:16**

CONTENTS

PART 2
성령과 구원

PART 3
성령과 성도의 삶

들어가는 글

———

성경에서 성령은 세상의 창조에서부터 등장하신다. "땅이 혼돈하고 공허하며 흑암이 깊음 위에 있고 하나님의 영은 수면 위에 운행하시니라"(창 1:2). 그리고 그 활동은 종말에 나타날 구원의 완성까지 이어진다. "성령과 신부가 말씀하시기를 오라 하시는도다 듣는 자도 오라 할 것이요 목마른 자도 올 것이요 또 원하는 자는 값없이 생명수를 받으라 하시더라"(계 22:17). 이처럼 성경은 성령의 존재와 사역을 창조와 구원이라는 넓은 차원에서 볼 수 있도록 안내한다. 그래서 마이클 호튼은 이렇게 말한다.

성령의 사역을 '구속의 적용' 부분에서 처음으로 소개해서는 안 된다. 창조, 섭리, 그리스도의 위격과 사역, 성경, 설교, 성례, 교회, 그리고 종말론에 이르기까지, 모든 참된 성경 교리는 행위자로서의 성령에 관한 견고한 설명을 담고 있어야 한다.[01]

그만큼 성령은 성도가 관심을 기울여야 할 성경의 큰 주제다. 특히 성도의 삶을 생각할 때 성령은 대단히 중요한 관심사가 아닐 수 없다. 성도의 삶은 성령에 의해 시작될 뿐 아니라 성령에 의해 지속되기 때문이다. 성령에 의하지 않고서 성도의 삶은 결코 유지될 수 없다. 이것은 바울이 갈라디아 여러 교회를 향해 던진 질문에 함축된 사실이다. "너희가 이같이 어리석으냐 성령으로 시작하였다가 이제는 육체로 마치겠느냐"(갈 3:3). 따라서 성도라면 삶의 모든 영역에서 마땅히 성령께 주의를 기울여야 한다.

그러나 현실은 그렇지 못하다. 20세기의 시작과 함께 탄생한 오순절 운동과, 이 운동이 1960년대 주류 교단에 영향을 주면서 생겨난 은사주의 운동은 오늘날 성령을 대하는 그리스도인의 자세를 크게 둘로 나눠 놓았다. 한편에는 성령에 관심이 있으나 관심의 영역

---

01 Michael S. Horton, *Rediscovering the Holy Spirit*, 『성령의 재발견』, 황영광 역(서울: 지평서원, 2019), pp.17-18.

을 은사나 능력으로 축소하는 사람들이 있다. 이들은 성령의 광범위한 활동에 대해 대개 무지하며 "성령의 나타나심에 불건전하게 집착하는 성향"[02]을 보인다. 다른 한편에는 성령에 대해 소극적이고 무관심한 사람들이 있다. 이들은 성령을 자신의 삶과 무관한 것으로 여기며, 성령에 적극적인 관심을 보이는 것을 열광주의로 폄훼하곤 한다.

이렇게 양분된 모습은 오순절을 바라보는 입장에서 그대로 드러난다. 어떤 사람들은 오순절이 지금도 우리 가운데 반복될 수 있다고 단순히 생각한다. 여기에는 방언의 은사나 이적과 기사가 포함된다. 그러면서 그들은 오순절이 갖는 구속사적인 의미에 주의를 기울이지 않는다. 반면, 다른 사람들은 오순절이 오늘날 우리와는 무관하다고 간주한다. 그들은 더는 오순절 같은 체험을 기대해서는 안 된다는 입장이다.

이 같은 혼란이 발생한 데는 몇 가지 요인이 있어 보인다. 우선, 성령 세례에 대한 논쟁을 들 수 있다. 이 논쟁의 핵심은 성령 세례를 중생이나 회심과 함께 주어지는 것으로 보느냐, 아니면 중생이나 회심 이후에 주어지는 것으로 보느냐에 있다. 이것은 성령 세례

---

02 John MacArthur, *Strange Fire*, 『존 맥아더의 다른 불』, 조계광 역(서울: 생명의말씀사, 2014), p.16.

가 단회적이냐 아니면 반복적이냐 하는 문제와도 관련이 있다. 그다음, 성령의 은사에 대한 논쟁이 있다. 여기에는 오늘날 성령의 기적적인 은사가 중지되었다고 보는 입장과 그렇지 않다고 보는 입장이 있다. 후자의 입장은 오순절 운동, 은사주의, 제3의 물결 등과 같이 은사의 사용을 적극적으로 권장하는 것뿐 아니라 은사를 신중하게 수용하는 것도 포함한다. 마지막으로, 이러한 논쟁의 반작용으로 생긴 성령에 대한 회의적 자세를 들 수 있다.

따라서 이러한 혼란을 해결하려면 먼저 성령에 대한 선입관을 버리는 것이 필요하다. 성령의 은사나 성령의 능력에 대한 관심처럼 성령을 실용적 관점에서 보는 태도나 성령을 자신의 삶과 무관한 것으로 보는 태도를 버려야 한다. 그 대신 성경이 성령에 관해 무엇을 말하는지 주의 깊게 살펴야 한다. 그러면 우리가 현재 느끼는 혼란 가운데 해결될 수 있는 것은 많다.

이 책의 목적은 성령의 광범위한 활동 전체를 다루는 것이 아니다. 제1부는 성령의 약속을 다룬다. 여기에는 요한복음과 사도행전에 나타난 예수 그리스도의 약속이 포함된다. 이를 통해 우리는 성령 세례에 대한 논쟁으로 야기된 혼란을 정리할 수 있을 것이다. 그런 다음, 이 약속의 성취에 대한 내용이 이어진다. 제2부는 성령과 구원을 다룬다. 성령께서 구원을 위해 하신 일은 교회인 우리와 관련된 것만이 아니라 교회의 머리이신 그리스도와 관련된 것도 있다. 성령은 구속의 적용자이기 전에 구속의 시행자가 되신다. 제3부는 성령과 성도의 삶을 다룬다. 성도의 삶에서 성령의 활동이 미치지 않는 곳은 없다. 이것은 성령이 성도에게 내주하시면서 자신의 본성을 전달하시기 때문이다. 양자의 영, 성령의 보증, 성령의 열매 등은 이 사실을 전제로 한다.

우리가 성령의 약속과 그 약속이 어떻게 성취되는지를 알면 성령에 무관심하거나 성령의 은사나 이적과 기사에만 관심을 가지지 않을 것이다. 만일 누군가 구원받게 된다면 성령을 선물로 받을 것이다. 그래서 그가 성령을 따라 행한다면 거룩한 삶을 살게 될 것이다. 성령의 조명에 의지한다면 성경을 깨닫게 될 것이다. 성령께 구한다면 믿음이 자라게 될 것이다. 성령의 도우심을 바란다면 기도가 달라질 것이다. 성령의 위로를 경험한다면 고난 속에서도 기쁨과 평안을 누리게 될 것이다. 성령의 보증을 소유한다면 고난을 이길 힘이 되는 소망을 붙들게 될 것이다. 성령의 인도하심을 따라 살아간다면 하나님의 사랑을 알고 실천하게 될 것이다. 성령의 충만함을 받는다면 하나님께 대한 예배와 사람과의 관계에서 변화가 일어날 것이다. 성령의 능력을 받는다면 복음을 위해 하나님께 쓰임받게 될 것이다. 이처럼 성령의 약속은 지금도 우리 가운데서 성취

되는 중이다. 이것이 우리가 성령에 관한 약속과 성취에 관심을 기
울여야 하는 이유다.

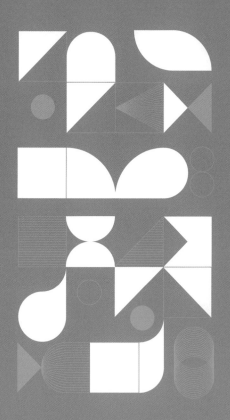

PART 1
성령의 약속

• • •

그러므로 오늘 우리는 이미 성령으로 세례를 받았다고 하더라도
성령의 권능을 기대하고 구해야 한다.
이런 의미에서 우리는 성령의 부어주심과 충만을 사모해야 한다.
주님은 구하는 자에게 성령을 주겠다고 약속하셨다.
이와 함께 주님은 우리가 성령의 권능을 받게 될 것도 약속하셨다.
오늘 우리가 해야 할 것은 이 약속을 믿고 구하는 일이다.

CHAPTER
01

성령 세례

———

"사도와 함께 모이사 그들에게 분부하여 이르시되 예루살렘을
떠나지 말고 내게서 들은 바 아버지께서 약속하신 것을 기다리라
요한은 물로 세례를 베풀었으나 너희는 몇 날이 못되어 성령으로
세례를 받으리라 하셨느니라" _ 행 1:4-5

부활하신 예수님은 사도들과의 만남에서 "예루살렘을 떠나지 말
고 … 아버지께서 약속하신 것을 기다리라"고 명하신다. 이때 누가
는 "아버지께서 약속하신 것"을 직접화법 형식으로 설명한다. "내게
서 들은 바 … 요한은 물로 세례를 베풀었으나 너희는 몇 날이 못되
어 성령으로 세례를 받으리라." 여기서 "아버지께서 약속하신 것"(아
버지의 약속)은 바로 성령이다.

아버지의 약속 ❧

이처럼 예수님은 사도들에게 성령을 '아버지의 약속'으로 말씀하신다. 이 사실은 누가복음에도 나온다. "볼지어다 내가 내 아버지께서 약속하신 것을 너희에게 보내리니 너희는 위로부터 능력으로 입혀질 때까지 이 성에 머물라 하시니라"(눅 24:49).

그래서 사도 베드로는 오순절에 성령이 임했을 때 그 성령을 하나님의 약속으로 말했다. "하나님이 오른손으로 예수를 높이시매 그가 약속하신 성령[성령의 약속]을 아버지께 받아서 너희가 보고 듣는 이것을 부어 주셨느니라"(행 2:33). "너희가 회개하여 각각 예수 그리스도의 이름으로 세례를 받고 죄 사함을 받으라 그리하면 성령의 선물을 받으리니 이 약속은 너희와 너희 자녀와 모든 먼 데 사람 곧 주 우리 하나님이 얼마든지 부르시는 자들에게 하신 것이라"(행 2:38-39). 마찬가지로, 사도 바울도 성령을 하나님의 약속으로 말했다. "이는 그리스도 예수 안에서 아브라함의 복이 이방인에게 미치게 하고 또 우리로 하여금 믿음으로 말미암아 성령의 약속을 받게 하려 함이라"(갈 3:14). "그 안에서 너희도 진리의 말씀 곧 너희의 구원의 복음을 듣고 그 안에서 또한 믿어 약속의 성령으로 인치심을 받았으니"(엡 1:13).

성령에 대한 이러한 약속은 이미 구약성경 여러 곳에서 나타난다. 사도 베드로는 오순절에 성령이 임했을 때, 요엘 선지자의 예언이 이루어진 것으로 말했다. "하나님이 말씀하시기를 말세에 내가 내 영을 모든 육체에 부어 주리니 너희의 자녀들은 예언할 것이요 너희의 젊은이들은 환상을 보고 너희의 늙은이들은 꿈을 꾸리라 그때에 내가 내 영을 내 남종과 여종들에게 부어 주리니 그들이 예언할 것이요"(행 2:17-18). 이사야 선지자도 성령에 대한 약속을 전했다. "마침내 위에서부터 영을 우리에게 부어 주시리니 광야가 아름다운 밭이 되며 아름다운 밭을 숲으로 여기게 되리라"(사 32:15). "나는 목마른 자에게 물을 주며 마른 땅에 시내가 흐르게 하며 나의 영을 네 자손에게, 나의 복을 네 후손에게 부어 주리니"(사 44:3). 또 에스겔 선지자도 성령에 대한 약속을 전했다. "내가 그들에게 한 마음을 주고 그 속에 새 영을 주며 그 몸에서 돌 같은 마음을 제거하고 살처럼 부드러운 마음을 주어"(겔 11:19). "또 새 영을 너희 속에 두고 새 마음을 너희에게 주되 너희 육신에서 굳은 마음을 제거하고 부드러운 마음을 줄 것이며 또 내 영을 너희 속에 두어 너희로 내 율례를 행하게 하리니 너희가 내 규례를 지켜 행할지라"(겔 36:26-27).

그런데 예수님은 사도들에게 "내게서 들은 바 아버지께서 약속하신 것"이라고 말씀하신다. 그렇다면 사도들은 성령에 대한 아버지의 약속을 언제 예수님께 들었을까? 우선, 누가복음 24장 49절을 생각할 수 있다. "볼지어다 내가 내 아버지께서 약속하신 것을 너희에게 보내리니 너희는 위로부터 능력으로 입혀질 때까지 이 성에 머물라 하시니라." 사실상 사도행전 1장 4절은 같은 내용을 되풀이한 것이다. 따라서 사도들이 성령에 대한 약속을 예수님께 들은 것은 다른 경우일 가능성이 크다. 여기서 우리는 성령에 대해 누가만 기록한 말씀에 주목할 필요가 있다. "너희가 악할지라도 좋은 것을 자식에게 줄 줄 알거든 하물며 너희 하늘 아버지께서 구하는 자에게 성령을 주시지 않겠느냐 하시니라"(눅 11:13). 이것은 예수님이 말씀하신 것으로 사실상 성령에 대한 아버지의 약속이라 할 수 있다. 이와 함께 예수님이 보혜사 성령에 대해 말씀하신 것(요 14:16, 26; 15:26; 16:7)도 이 약속에 포함될 것이다.

이처럼 예수님은 성령을 가리켜 '아버지의 약속'이라고 말씀하셨다. 그렇다면 성령은 아버지께서 주권적으로 주시는 선물이다. 성령을 받는 것은 우리가 마음대로 조종할 수 있는 일이 아니다. 사도행전 8장에 여기에 대한 예가 나온다. 사마리아에서 마술을 행하던 시몬의 이야기다. "시몬이 사도들의 안수로 성령 받는 것을 보고 돈을 드려 이르되 이 권능을 내게도 주어 누구든지 내가 안수하는 사람은 성령을 받게 하여 주소서 하니 베드로가 이르되 네가 하나님의 선물을 돈 주고 살 줄로 생각하였으니 네 은과 네가 함께 망할지어다"(행 8:18-20). 시몬은 자기 마음대로 성령을 받게 하고 싶었던 것이다.

그러나 성령은 '아버지의 약속'으로 아버지께서 주권적으로 주시는 선물이다. 우리가 이 선물을 받기 위해 할 수 있는 일은 하나님의 약속을 믿고 구하는 것뿐이다. "우리로 하여금 믿음으로 말미암아 성령의 약속을 받게 하려 함이라"(갈 3:14). "너희 하늘 아버지께서 구하는 자에게 성령을 주시지 않겠느냐"(눅 11:13). 그래서 예수님이 이 약속을 말씀하시고 하늘로 가셨을 때, 사도들을 포함한 제자들이 "오로지 기도에 힘쓴"(행 1:14) 것이다. 또 부활하신 예수님을 본 다소 사람 사울도 기도하는 중에 성령으로 충만하게 된 것이다(행 9:10-18).

오순절

또 예수님은 성령에 대한 아버지의 약속을 요한의 물세례와 연결해 말씀하신다. "요한은 물로 세례를 베풀었으나 너희는 몇 날이 못되어 성령으로 세례를 받으리라." 예수님의 이 말씀은 일찍이 세례 요한이 한 말을 생각나게 한다. "나는 물로 너희에게 세례를 베풀거니와 나보다 능력이 많으신 이가 오시나니 나는 그의 신발끈을 풀기도 감당하지 못하겠노라 그는 성령과 불로 너희에게 세례를 베푸실 것이요"(눅 3:16).

여기서 한 가지 사실이 분명해진다. 성령으로 세례를 주시는 분이 예수 그리스도라는 사실이다. "그는 성령과 불로 너희에게 세례를 베푸실 것이요." 세례 요한은 이 사실을 하나님으로부터 알게 되어 말한 것이다. "요한이 또 증언하여 이르되 내가 보매 성령이 비둘기 같이 하늘로부터 내려와서 그의 위에 머물렀더라 나도 그를 알지 못하였으나 나를 보내어 물로 세례를 베풀라 하신 그이가 나에게 말씀하시되 성령이 내려서 누구 위에든지 머무는 것을 보거든 그가 곧 성령으로 세례를 베푸는 이인 줄 알라 하셨기에 내가 보고 그가 하나님의 아들이심을 증언하였노라 하니라"(요 1:32-34).

그런데 예수님의 관심은 성령으로 세례 주시는 분이 누구인지에 있지 않고, 언제 사도들이 성령으로 세례 받을지에 있었다. 그래서 "너희는 몇 날이 못되어 성령으로 세례를 받으리라"고 말씀하셨다. 왜냐하면 예수님은 그들에게 "예루살렘을 떠나지 말고 … 아버지께서 약속하신 것을 기다리라"고 명령하셨기 때문이다. 결국 사도들은 예수님의 말씀대로 오순절에 성령으로 세례를 받는다.

이 사실은 베드로가 오순절 성령 강림에 대해 말한 것에서 드러난다. 그는 오순절 성령 강림을 '아버지의 약속'이 성취된 것으로 보았다. "하나님이 오른손으로 예수를 높이시매 그가 약속하신 성령을 아버지께 받아서 너희가 보고 듣는 이것을 부어 주셨느니라"(행 2:33). 여기서도 성령으로 세례를 주시는 분은 예수 그리스도이심이 분명히 나타난다. 단지 사도들은 하나님이 오른손으로 예수를 높이시기까지 기다려야 했던 것이다.

또 사도들이 오순절에 성령으로 세례 받은 사실은 베드로가 나중에 이방인에게 처음 성령이 임하신 것을 말한 것에서도 드러난다. "내가 말을 시작할 때에 성령이 그들에게 임하시기를 처음 우리에게 하신 것과 같이 하는지라 내가 주의 말씀에 요한은 물로 세례를 베풀었으나 너희는 성령으로 세례를 받으리라 하신 것이 생각났노라"(행 11:15-16). 베드로는 이방인에게 성령이 처음 임한 사건을 오순절 성령 강림같이 예수님이 하신 말씀의 성취라고 보았다. 따라서 두 경우 모두 성령으로 세례 받은 사건이고, 이때 성령으로 세례를 주시는 분은 오순절 성령 강림 때 베드로가 말한 대로 예수 그리스도시다.

이처럼 성령 세례는 성령께서 주시는 세례가 아니라 예수 그리스도께서 성령으로 주시는 세례를 말한다. 여기서 기억할 것은 성령 세례가 예수님의 삶과 죽음, 부활과 승천 그 연장선 위에 있다는 점이다. 실제로 사도행전 2장에 나타난 베드로의 설교를 보면, 그는 예수님의 삶(22절)과 죽음(23절), 부활(24-32절)과 승천(33절)을 말하면서 성령 강림을 언급한다. 부활하신 예수님이 사도들에게 몇 날이 못 되어 성령으로 세례 받을 것이므로 기다리라고 하신 것은, 예수님의 승천이 아직 일어나지 않았기 때문이다(요 7:37-39).

따라서 우리가 오순절 성령 세례를 예수 그리스도와 관련해서 생각하는 것은 중요하다. 예수 그리스도의 삶과 죽음, 그리고 부활과 승천이 구속사에서 반복될 수 없는 것이라면, 오순절 성령 세례 역시 그렇기 때문이다. 싱클레어 퍼거슨은 오순절에 대해 이렇게 말한다.

우리가 오순절을 동떨어진 성령의 사건이나 첨가된 것으로 보지 않고 그리스도 사역의 한 측면으로 볼 때 모든 것이 더욱 분명해진다. 이것은 즉위식의 가시적 표현이다. 오순절 사건은 그리스도가 영광의 주님으로 높여지셨으며, 우리를 위하여 중보자가 되시고, 성령에 대한 그분의 메시아적 요청이 허락되었다는 감추어진 실재의 공개적인 표현이다. … 이것은 주님의 십자가에 달리심이나 부활 그리고 [승천] 등의 사건처럼 반복되는 것이 아니다. … 따라서 부활이 그리스도의 죽음이 속죄로서(롬 4:24) 유효화 되는 증거이

듯이, 성령의 오심은 그리스도의 즉위하심의 증거다. 이것은 오순절에 실존적인 차원이 없다거나 오늘날과는 관계가 없다고 말하는 것이 결코 아니다. 그러나 우리가 개인적으로 요단강, 광야, 겟세마네 혹은 골고다를 체험할 수 없는 것과 마찬가지로 '개인적으로 오순절'에 참여할 수 없다.[03]

오순절과 우리의 관계 ❧

오순절은 오늘 우리와 무슨 관계가 있을까? 그 답은 오순절 성령 강림 후 베드로가 한 말에서 발견된다. "너희가 회개하여 각각 예수 그리스도의 이름으로 세례를 받고 죄 사함을 받으라 그리하면 성령의 선물을 받으리니 이 약속은 너희와 너희 자녀와 모든 먼 데 사람 곧 주 우리 하나님이 얼마든지 부르시는 자들에게 하신 것이라"(행 2:38-39). 여기서 성령에 대한 약속은 하나님이 부르시는 모든 자에게로 확대된다. 중요한 것은, 이 약속에 연결되어 있는 명령이다. "너희가 회개하여 각각 예수 그리스도의 이름으로 세례를 받고 죄 사함을 받으라." 이것은 회개하고 예수 그리스도를 믿으라는

---

03 Sinclair B. Ferguson, *The Holy Spirit*, 『성령』, 김재성 역(서울: 한국기독학생회출판부, 1999), p.99.

명령이다. 그러므로 성령의 선물을 받는 것(성령으로 세례를 받는 것)은 회심과 분리되지 않는다.

이 사실은 다시 베드로의 말에서 확인된다. 그는 이방인 고넬료의 집에서 설교할 때 성령이 그들에게 임한 것에 대해 이렇게 말한다. "그런즉 하나님이 우리가 주 예수 그리스도를 믿을 때에 주신 것과 같은 선물을 그들에게도 주셨으니 내가 누구이기에 하나님을 능히 막겠느냐 하더라 그들이 이 말을 듣고 잠잠하여 하나님께 영광을 돌려 이르되 그러면 하나님께서 이방인에게도 생명 얻는 회개를 주셨도다"(행 11:17-18). 여기서도 베드로는 성령을 가리켜 "선물"이라 말한다. 그런데 이 선물은 주 예수 그리스도에 대한 믿음과 하나님이 주신 회개와 연결되어 있다. 성령의 선물을 받는 것(성령으로 세례를 받는 것)은 회심과 분리되지 않는다.

이 사실은 사도 바울의 말에서도 확인된다. "몸은 하나인데 많은 지체가 있고 몸의 지체가 많으나 한 몸임과 같이 그리스도도 그러하니라 우리가 유대인이나 헬라인이나 종이나 자유인이나 다 한 성령으로 세례를 받아 한 몸이 되었고 또 다 한 성령을 마시게 하셨느니라"(고전 12:12-13). 여기서도 바울은 '성령으로 세례를 받는 것'에 대해 말한다. 그는 누가가 사용한 것과 같은 표현을 쓴다. 이때 "한 몸"은 그리스도의 몸, 교회를 가리킨다. 바울이 강조한 것은 연합이다. 그래서 그는 "다"라는 말과 "한[하나]"라는 말을 반복해서 사용한다. "우리가 유대인이나 헬라인이나 종이나 자유인이나 다 한 성령으로 세례를 받아 한 몸이 되었고 또 다 한 성령을 마시게 하셨느니라."

여기서 '성령으로 세례를 받는 것'은 일차적으로 오순절에 전 교회에 성령이 임하신 사건을 가리킨다. 동시에 개인이 회심할 때 성령을 받아 그리스도의 몸에 합해진 것을 가리킨다. "다 한 성령을 마시게 하셨느니라"는 말은 이런 실존적인 차원을 나타낸다. 따라서 성령으로 세례 받는 것은 회심과 분리되지 않는다.

그러므로 성령으로 세례 받는 것이 회심 후의 체험이라는 주장은 성경에 근거한 것이 아니다. 성령으로 세례 받는 것은 회심과 함께 일어난다. 그러기에 회심한 그리스도인이라면 모두 성령으로 세례 받은 것이다.

그런데 예외적인 경우가 있다. 사도행전 8장에 나타난 사마리아인들의 경우다. 그들은 빌립의 전도로 믿고 세례를 받았다(행 8:12). 그렇지만 그들은 베드로와 요한이 와서 그들을 위해 성령 받기를 기도하고 안수한 후에야 성령을 받았다(행 8:14-17). 여기에는 그럴 만한 이유가 있다. 사마리아는 복음이 유대인을 벗어난 첫 경우다. 그런데 유대인과 사마리아인 사이에는 현실적으로 넘을 수 없는 벽

이 존재했다. 그래서 사마리아 교회는 사도들이 예루살렘 교회와의 연합을 확인하는 과정이 필요했다. 따라서 그들에게는 예루살렘에서 온 사도들이 그들을 위해 기도하고 안수할 때 성령을 받는 특별한 방법이 필요했다. 우리는 사마리아인들의 경우에서 회심 후의 성령 세례에 대한 근거를 찾을 수 없다.

이 외에 사도행전 19장 1-7절에 나오는 에베소의 "어떤 제자들"을 생각해 볼 수 있다. 그들은 "너희가 믿을 때에 성령을 받았느냐"는 바울의 질문에 "아니라"고 답한다. 그러나 그들은 나중에 바울이 안수함으로 성령을 받는다. 이 경우 그들은 처음부터 회심한 사람들로 보기 어렵다. 그들은 요한의 세례를 받았을 뿐 예수를 믿은 것이 아니기 때문이다. 그래서 그들은 "요한이 회개의 세례를 베풀며 백성에게 말하되 내 뒤에 오시는 이를 믿으라 하였으니 이는 곧 예수라"고 한 바울의 말을 듣고 "주 예수의 이름으로 세례"를 받는다. 따라서 이 경우도 회심 후의 성령 세례에 대한 근거가 될 수 없다.

CHAPTER
02

성령의 권능

———

"오직 성령이 너희에게 임하시면 너희가 권능을 받고 예루살렘
과 온 유대와 사마리아와 땅 끝까지 이르러 내 증인이 되리라 하시
니라" _ 행 1:8

이것은 부활하신 예수님이 승천하시기 전 지상에서 하신 마지막
말씀이다. 이 말씀에는 두 가지 약속이 들어 있다. 하나는 성령의 권
능(능력)에 대한 약속이다. "오직 성령이 너희에게 임하시면 너희가
권능을 받고." 또 하나는 예수의 증인에 대한 약속이다. "예루살렘과
온 유대와 사마리아와 땅 끝까지 이르러 내 증인이 되리라." 사도행
전은 이 약속이 어떻게 이루어졌는지를 보여준다.

성령의 권능 ❧

먼저, 성령의 권능(능력)에 대한 약속을 살펴보자. 사도행전에는 기적을 행하는 권능에 대한 말씀이 나온다. 앉은뱅이를 걷게 한 베드로와 요한(행 3:12; 4:7), 큰 기사와 표적을 민간에 행한 스데반(행 6:8), 표적과 큰 능력이 나타난 빌립(행 8:13), 놀라운 능력을 행한 바울(행 19:11) 등이다. 그렇지만 성령의 권능은 무엇보다 복음을 전하는 데서 잘 드러났다.

사도 베드로와 요한은 공회에 잡혀갔을 때 성령의 권능으로 복음을 담대하게 전할 수 있었다. "이에 베드로가 성령이 충만하여 이르되 백성의 관리들과 장로들아 만일 병자에게 행한 착한 일에 대하여 이 사람이 어떻게 구원을 받았느냐고 오늘 우리에게 질문한다면 너희와 모든 이스라엘 백성들은 알라 너희가 십자가에 못 박고 하나님이 죽은 자 가운데서 살리신 나사렛 예수 그리스도의 이름으로 이 사람이 건강하게 되어 너희 앞에 섰느니라 이 예수는 너희 건축자들의 버린 돌로서 집 모퉁이의 머릿돌이 되었느니라 다른 이로써는 구원을 받을 수 없나니 천하 사람 중에 구원을 받을 만한 다른 이름을 우리에게 주신 일이 없음이라 하였더라 그들이 베드로와 요한이 담대하게 말함을 보고 그들을 본래 학문 없는 범인으로 알았다가 이상히 여기며 또 전에 예수와 함께 있던 줄도 알고"(행 4:8-13).

공회가 베드로와 요한을 위협하여 놓아주었을 때, 그들은 동료들에게 가서 말하고 함께 기도했다. "주여 이제도 그들의 위협함을 굽어보시옵고 또 종들로 하여금 담대히 하나님의 말씀을 전하게 하여 주시오며 손을 내밀어 병을 낫게 하시옵고 표적과 기사가 거룩한 종 예수의 이름으로 이루어지게 하옵소서"(행 4:29-30). 그 결과 그들은 다시금 성령의 권능으로 담대히 복음을 전할 수 있었다. "빌기를 다하매 모인 곳이 진동하더니 무리가 다 성령이 충만하여 담대히 하나님의 말씀을 전하니라 … 사도들이 큰 권능으로 주 예수의 부활을 증언하니 무리가 큰 은혜를 받아"(행 4:31, 33).

빌립은 성령의 권능으로 마침 선지자 이사야의 글을 읽고 있던 에디오피아 내시에게 복음을 전할 수 있었다. "성령이 빌립더러 이르시되 이 수레로 가까이 나아가라 하시거늘 빌립이 달려가서 선지자 이사야의 글 읽는 것을 듣고 말하되 읽는 것을 깨닫느냐 대답하되 지도해 주는 사람이 없으니 어찌 깨달을 수 있느냐 하고 빌립을 청하여 수레에 올라 같이 앉으라 하니라 … 빌립이 입을 열어 이 글에서 시작하여 예수를 가르쳐 복음을 전하니 길 가다가 물 있는 곳에 이르러 그 내시가 말하되 보라 물이 있으니 내가 세례를 받음에 무슨 거리낌이 있느냐 이에 명하여 수레를 멈추고 빌립과 내시가 둘 다 물에 내려가 빌립이 세례를 베풀고 둘이 물에서 올라올 새 주의 영이 빌립을 이끌어간지라 내시는 기쁘게 길을 가므로 그를 다시 보지 못하니라"(행 8:29-31, 35-39).

사도 바울은 회심 직후부터 성령의 권능으로 복음을 담대히 전할 수 있었다. "아나니아가 떠나 그 집에 들어가서 그에게 안수하여 이르되 형제 사울아 주 곧 네가 오는 길에서 나타나셨던 예수께서 나를 보내어 너로 다시 보게 하시고 성령으로 충만하게 하신다 하니 … 사울은 힘을 더 얻어 예수를 그리스도라 증언하여 다메섹에 사는 유대인들을 당혹하게 하니라 … 바나바가 데리고 사도들에게 가서 그가 길에서 어떻게 주를 보았는지와 주께서 그에게 말씀하신 일과 다메섹에서 그가 어떻게 예수의 이름으로 담대히 말하였는지를 전하니라 사울이 제자들과 함께 있어 예루살렘에 출입하며 또 주 예수의 이름으로 담대히 말하고 헬라파 유대인들과 함께 말하며 변론하니 그 사람들이 죽이려고 힘쓰거늘"(행 9:17, 22, 27-29).

또 사도 바울은 바예수라 하는 마술사의 방해에도 불구하고 성령의 권능으로 총독 서기오 바울에게 복음을 전할 수 있었다. "온 섬 가운데로 지나서 바보에 이르러 바예수라 하는 유대인 거짓 선지자인 마술사를 만나니 그가 총독 서기오 바울과 함께 있으니 서기오 바울은 지혜 있는 사람이라 바나바와 사울을 불러 하나님의 말씀을 듣고자 하더라 이 마술사 엘루마는 (이 이름을 번역하면 마술사라) 그들을 대적하여 총독으로 믿지 못하게 힘쓰니 바울이라고 하는 사울이 성령이 충만하여 그를 주목하고 이르되 모든 거짓과 악행이 가득한 자요 마귀의 자식이요 모든 의의 원수여 주의 바른 길을 굽게 하기를 그치지 아니하겠느냐 보라 이제 주의 손이 네 위에 있으니 네가 맹인이 되어 얼마 동안 해를 보지 못하리라 하니 즉시 안개와 어둠이 그를 덮어 인도할 사람을 두루 구하는지라 이에 총독이 그렇게 된 것을 보고 믿으며 주의 가르치심을 놀랍게 여기니라"(행 13:6-12). 여기 누가가 말한 "주의 손"은 성령의 권능을 가리킨다. 누가는 세례 요한에 대해 이렇게 말하기 때문이다. "이는 그가 주 앞에 큰 자가 되며 포도주나 독한 술을 마시지 아니하며 모태로부터 성령의 충만함을 받아 … 듣는 사람이 다 이 말을 마음에 두며 이르되 이 아이가 장차 어찌 될까 하니 이는 주의 손이 그와 함께 하심이러라"(눅 1:15, 66).

예루살렘교회에서 흩어진 자들 중에 구브로와 구레네 몇 사람이 안디옥에서 헬라인에게 주 예수를 전파할 때도 성령의 권능이 나타났다. "그 때에 스데반의 일로 일어난 환난으로 말미암아 흩어진 자들이 베니게와 구브로와 안디옥까지 이르러 유대인에게만 말씀을 전하는데 그 중에 구브로와 구레네 몇 사람이 안디옥에 이르러 헬라인에게도 말하여 주 예수를 전파하니 주의 손이 그들과 함께 하시매 수많은 사람들이 믿고 주께 돌아오더라"(행 11:19-21, 16-17절 참조).

예수의 증인 ✎

그다음, 예수의 증인에 대한 약속을 살펴보자. 오순절 성령 강림이 있기 전 사도들은 먼저 가룟 유다를 대신할 증인으로 맛디아를 선출했다. "항상 우리와 함께 다니던 사람 중에 하나를 세워 우리와 더불어 예수께서 부활하심을 증언할 사람[증인]이 되게 하여야 하리라 하거늘"(행 1:22). 이 사도들은 오순절 성령 강림 후에 예수의 증인이 되었다.

베드로는 오순절 설교에서 이렇게 말한다. "이 예수를 하나님이 살리신지라 우리가 다 이 일에 증인이로다"(행 2:32). 또 솔로몬의 행각에 모인 사람들에게도 말했다. "생명의 주를 죽였도다 그러나 하나님이 죽은 자 가운데서 그를 살리셨으니 우리가 이 일에 증인이라"(행 3:15). 베드로와 사도들은 공회 앞에 끌려갔을 때도 이렇게 대답했다. "우리는 이 일에 증인이요 하나님이 자기에게 순종하는 사람들에게 주신 성령도 그러하니라"(행 5:32). 여기에 사도들이 예수의 증인일 수 있는 이유가 나타난다. 그들에게 주신 성령께서 증인이시기 때문이다(요 15:26-27 참조).

베드로는 가이사랴의 이방인 고넬료의 집에서 행한 설교에서도 이렇게 말했다. "우리는 유대인의 땅과 예루살렘에서 그가 행하신 모든 일에 증인이라 그를 그들이 나무에 달아 죽였으나 하나님이 사흘 만에 다시 살리사 나타내시되 모든 백성에게 하신 것이 아니요 오직 미리 택하신 증인 곧 죽은 자 가운데서 부활하신 후 그를 모시고 음식을 먹은 우리에게 하신 것이라"(행 10:39-41). 바울은 비시디아 안디옥 회당에서 행한 설교에서 이 사도들이 예수의 증인이 된 사실을 언급했다. "갈릴리로부터 예루살렘에 함께 올라간 사람들에게 여러 날 보이셨으니 그들이 이제 백성 앞에서 그의 증인이라"(행 13:31).

이와 함께 사도행전에는 바울 자신도 예수의 증인으로 나타난다. 아나니아가 바울에게 와서 한 말은 이렇다. "네가 그를 위하여 모든 사람 앞에서 네가 보고 들은 것에 증인이 되리라"(행 22:15). 또 부활하신 예수님은 바울에게 나타나 말씀하셨다. "일어나 너의 발로 서라 내가 네게 나타난 것은 곧 네가 나를 본 일과 장차 내가 네게 나타날 일에 너로 종과 증인을 삼으려 함이니 이스라엘과 이방인들에게서 내가 너를 구원하여 그들에게 보내어 그 눈을 뜨게 하여 어둠에서 빛으로, 사탄의 권세에서 하나님께로 돌아오게 하고 죄 사함과 나를 믿어 거룩하게 된 무리 가운데서 기업을 얻게 하리라"(행 26:16-18).

이렇게 사도들을 비롯한 초대 교회 성도들이 성령의 권능으로 복음을 전한 것은 예수님의 패턴을 따른 것이다. 특별히 누가는 이 사실을 우리에게 보여준다. 그는 다른 복음서 저자들처럼 성령이 예수님에게 강림하신 사실만을 기록하지 않는다. 그 사실 외에 예수님이 성령의 권능으로 사역을 시작하신 것을 분명히 기록한다. "예수께서 성령의 능력으로 갈릴리에 돌아가시니 그 소문이 사방에 퍼졌고"(눅 4:14). 이 점은 베드로가 고넬료의 집에서 행한 설교에도 나타난다. "만유의 주 되신 예수 그리스도로 말미암아 화평의 복음을 전하사 이스라엘 자손들에게 보내신 말씀 곧 요한이 그 세례를 반포한 후에 갈릴리에서 시작하여 온 유대에 두루 전파된 그것을 너희도 알거니와 하나님이 나사렛 예수에게 성령과 능력을 기름 붓듯 하셨으매 그가 두루 다니시며 선한 일을 행하시고 마귀에게 눌린 모든 사람을 고치셨으니 이는 하나님이 함께 하셨음이라"(행 10:36-38).

이처럼 열두 사도를 비롯한 성도들은 오순절 성령 강림을 통해 권능을 받고 복음을 전했다. 마찬가지로 사도 바울도 성령의 권능으로 복음을 전하기 시작했다. 이들은 모두 예수님의 패턴을 따른 것이다.

오순절 성령 강림의 두 차원 ❧

오늘 우리에게도 이러한 성령의 권능이 필요하다. 성령의 권능으로 하지 않는 사역은 실패할 수밖에 없다. 스펄전은 말한다. "예수께서 약속하신 성령이 우리에게 없다면, 예수께서 주신 사명을 수행할 수 없는 것입니다."[04] 그런데 우리는 이미 오순절 성령 강림을 통해 회심과 함께 성령으로 세례를 받았다. 그러면 우리는 이미 성령의 권능을 받은 것을 인정하기만 하면 되는 것일까?

여기서 우리는 오순절 성령 강림의 두 차원을 이해할 필요가 있다. 한편으로 오순절은 예수 사건의 연속, 다른 말로 하면 구속사의 사건으로서 반복될 수 없다. 그렇지만 다른 한편으로 오순절은 권능을 받은 사건, 다른 말로 하면 실존의 사건으로서 반복될 수 있다. 이 점은 오순절 이후 베드로와 요한이 공회의 위협을 받았을 때, 기도함으로 다시 성령이 충만하여 하나님의 말씀을 담대히 전할 수 있게 된 것에서 알 수 있다(행 4:23-31). 또 이 점은 오순절 이후 사도 바울이 반복적으로 성령이 충만하여 하나님 말씀을 전한 것에서도 알 수 있다(행 9:17; 13:9). 그러기에 그는 자신이 여러번 성령의 능력으로 복음을 전한 사실을 말할 수 있었다. "그리스도께서 이방

---

04 C. H. Spurgeon, *Lectures to My Students*, 『목회자 후보생들에게』, 원광연 역(고양: 크리스천다이제스트, 2009), p.296.

인들을 순종하게 하기 위하여 나를 통하여 역사하신 것 외에는 내가 감히 말하지 아니하노라 그 일은 말과 행위로 표적과 기사의 능력으로 성령의 능력으로 이루어졌으며 그리하여 내가 예루살렘으로부터 두루 행하여 일루리곤까지 그리스도의 복음을 편만하게 전하였노라"(롬 15:18-19). "내 말과 내 전도함이 설득력 있는 지혜의 말로 하지 아니하고 다만 성령의 나타나심과 능력으로 하여"(고전 2:4). "이는 우리 복음이 너희에게 말로만 이른 것이 아니라 또한 능력과 성령과 큰 확신으로 된 것임이라 우리가 너희 가운데서 너희를 위하여 어떤 사람이 된 것은 너희가 아는 바와 같으니라"(살전 1:5).

이와 관련해 싱클레어 퍼거슨은 누가가 성령 충만이라는 말을 두 가지로 구분해서 사용한 점을 지적한다.[05] 하나는 '지속적인 상태'를 묘사할 때다. 이때 그는 '플레이로오' 계통의 말을 사용한다. "예수께서 성령의 충만함을 입어 요단 강에서 돌아오사 광야에서 사십 일 동안 성령에게 이끌리시며"(눅 4:1). "형제들아 너희 가운데서 성령과 지혜가 충만하여 칭찬 받는 사람 일곱을 택하라 우리가

---

05 싱클레어 퍼거슨, 『성령』, p.102. 후크마는 성령 충만을 셋으로 구분한다. 부정과거시제 동사 '핌 플레이미'를 쓰는 특별한 임무를 위한 잠정적 성령 충만(행 4:8, 31; 13:9), 형용사 '플레이레이스'를 쓰는 영구적 특징으로서의 성령 충만(눅 4:1; 행 6:3, 5; 7:55; 11:24), 현재시제 동사 '플레이로오'를 쓰는 계속적인 성령 충만(행 13:52; 엡 5:18). 그러면서 그는 "신자들은 특별한 임무를 감당키 위하여 특별한 성령 충만을 언제라도 구할 수 있다"고 말한다. Anthony A. Hoekema, *Saved By Grace*, 『개혁주의 구원론』, 류호준 역(서울: 기독교문서선교회, 1990), pp.85-86.

이 일을 그들에게 맡기고 … 온 무리가 이 말을 기뻐하여 믿음과 성령이 충만한 사람 스데반과 또 빌립과 브로고로와 니가노르와 디몬과 바메나와 유대교에 입교했던 안디옥 사람 니골라를 택하여"(행 6:3, 5). "스데반이 성령 충만하여 하늘을 우러러 주목하여 하나님의 영광과 및 예수께서 하나님 우편에 서신 것을 보고"(행 7:55). "바나바는 착한 사람이요 성령과 믿음이 충만한 사람이라 이에 큰 무리가 주께 더하여지더라"(행 11:24). "제자들은 기쁨과 성령이 충만하니라"(행 13:52). 사도 바울이 "술 취하지 말라 이는 방탕한 것이니 오직 성령으로 충만함을 받으라"(엡 5:18)고 할 때도 '플레이로오'라는 말을 사용해 지속적인 상태를 말한다.

또 하나는 '개인의 독특한 충만의 체험'을 말할 때다. 이때 그는 '핌플레이미'라는 동사를 사용한다.[06] "이는 그가 주 앞에 큰 자가

---

06 하워드 마샬은 사도행전 2장 4절에서 '핌플레이미' 동사가 일시적인 충만뿐 아니라 지속적이고 영구적인 상태도 가리킬 수 있다고 주장한다. 이 주장의 근거는 세 가지다. 첫째, 사도 바울의 경우에 이 동사가 이런 뜻으로 쓰였을 수 있다(행 9:17). 둘째, 베드로는 고넬료에게 주어진 성령의 선물을 오순절에 주어진 선물과 본질상 같은 것으로 간주한다. 셋째, 누가는 오순절에 개종자들에게 주어진 성령의 선물을 사도들에게 주어진 선물과 같은 것으로 간주한다. 그러나 오순절에 사도들에게 주어진 성령의 선물은 예수의 증인이 되기 위해 권능을 받은 사건이라는 점에서 오순절에 개종자들에게 주어진 성령의 선물이나 고넬료에게 주어진 성령의 선물과 다르다고 할 수 있다. 또 사도 바울의 경우에 '핌플레이미' 동사는 예수의 증인이 되기 위해 권능을 받은 충만, 즉 일시적 충만의 의미로 쓰였을 수 있다. 그렇지만 하워드 마샬 역시 오순절 성령 강림의 두 차원을 인식한 것으로 보인다. 그는 이렇게 말한다. "우리는 주장하기를, 누가에게 이 경험을 묘사하기 위해 사용된 다양한 용어들은 기독교 입문이라는 하나의 기본적인 사건을 가리키는데, 단 하나의 예외는 누가가 성령으로 '충만함'을 대개 증언과 영감에 의한 말의 어떤 특별한 임무를 위한 준비를 가리키는 반복될 수 있는 행위로 간주한다는 것이다. 오순절의 선물은 성령의 사역에서 이 두 측면을 결합시켰다. 그것은 입문이자 영감에 의한 말을 위한 준비 둘 다였다.' I. Howard Marshall, "The Significance of Pentecost," *Scottish Journal of Theology* 30(1977)4:347–69.

되며 포도주나 독한 술을 마시지 아니하며 모태로부터 성령의 충만함을 받아"(눅 1:15). "엘리사벳이 마리아가 문안함을 들으매 아이가 복중에서 뛰노는지라 엘리사벳이 성령의 충만함을 받아"(눅 1:41). "그 부친 사가랴가 성령의 충만함을 받아 예언하여 이르되"(눅 1:67). "그들이 다 성령의 충만함을 받고 성령이 말하게 하심을 따라 다른 언어들로 말하기를 시작하니라"(행 2:4). "이에 베드로가 성령이 충만하여 이르되 백성의 관리들과 장로들아"(행 4:8). "빌기를 다하매 모인 곳이 진동하더니 무리가 다 성령이 충만하여 담대히 하나님의 말씀을 전하니라"(행 4:31). "아나니아가 떠나 그 집에 들어가서 그에게 안수하여 이르되 형제 사울아 주 곧 네가 오는 길에서 나타나셨던 예수께서 나를 보내어 너로 다시 보게 하시고 성령으로 충만하게 하신다 하니"(행 9:17). "바울이라고 하는 사울이 성령이 충만하여 그를 주목하고"(행 13:9). 이 후자의 성령 충만은 봉사를 위한 것으로서 성도의 삶에서 반복될 수 있다.

이처럼 오순절에는 반복될 수 없는 면과 반복될 수 있는 면이 있다. 여기에 대해 이안 머레이는 이렇게 설명한다.

두 가지가 오순절에 겹쳐졌다. 첫째는 전 복음시대를 위한 '규범'(norm)을 확립한 성령의 오심이었다. 그때 주어진 성령은 결코 철

회되지 않을 것이고, 그 이후로 온 땅에서 거룩케 하시는 일은 결코 중단되지 않을 것이다. 그러나 둘째는 오순절에 교회와 여태 신앙이 없던 수천의 사람들이 경험했던 성령의 놀라운 영향력의 정도가 '컸다'(largeness)는 것이다. 그리스도인들 전체가 성령으로 충만해야 하고, 그렇게 많은 사람이 동시에 회심해야 하고, 교회가 존재하는 곳마다 두려움이 각 사람 위에 임해야 한다는 것은 영속적인 규범은 아니었다. 오순절은 새 시대의 유일한 시작이었으며, 또한 교회 역사의 경과에 따른 이어져 온 부흥 중 최초의 부흥이었다. 다른 말로 하면, 사도행전 2장에서 우리는 성령 사역의 두 측면, 즉 보다 통상적인 것(the more ordinary)과 특별한 것(the extraordinary)을 보는 것이다. 이 두 가지는 본질에서는 다르지 않고 정도에 있어서만 다를 뿐이다. … 그래서 오순절에 부어진 그 성령이 장래의 모든 신자에게 구원과 성화를 위해 주어질 것이라는 점을 신약성경이 확증할 때, 그것은 이제부터 회심 시에 성령이 변함없이 같은 정도로 주어질 것이라는 주장으로 이해되어서는 안 된다. 우리가 언급한 첫째 견해는 성령 세례 없이는 회심이 있을 수 없다고 믿지만, 이 둘째 입장은 그리스도인 개인에게 성령 충만 없이 성령이 내주하실 수 있고, 교회가 성령의 부어주심을 모르고도 성령의 역사를

가질 수 있다는 것이다.[07]

에이피온 에반스는 1743년 웨일즈에서 다니엘 로우랜드를 통해 일어난 부흥을 오순절 성령 강림과 유사한 사건으로 소개한다. 이 점은 교회사에 나타난 다른 부흥도 마찬가지다. 그래서 그는 이렇게 말한다.

요엘의 예언이 최초로 성취된 것이라는 점에서 오순절은 유일한 경우다. 은혜의 날 동안 교회생활의 역사적 실현이라는 점에서 그것은 많은 것 중 첫 번째였다.[08]

이 후자의 의미에서 부흥은 종종 오순절 사건의 반복으로 묘사된다. 그러므로 오늘 우리는 이미 성령으로 세례를 받았다고 하더라도 성령의 권능을 기대하고 구해야 한다. 이런 의미에서 우리는 성령의 부어주심과 충만을 사모해야 한다. 주님은 구하는 자에게 성령을 주겠다고 약속하셨다. "너희가 악할지라도 좋은 것을 자식

---

07 Iain Murray, "Baptism with the Spirit: What is the Scriptural Meaning?" *Banner of Truth Magazine* 127 (April 1974): 11-12.

08 Eifion Evans, *Daniel Rowland and the Great Evangelical Awakening in Wales* (Edinburgh: The Banner of Truth Trust, 1985), 76.

에게 줄 줄 알거든 하물며 너희 하늘 아버지께서 구하는 자에게 성령을 주시지 않겠느냐 하시니라"(눅 11:13). 이와 함께 주님은 우리가 성령의 권능을 받게 될 것도 약속하셨다. "오직 성령이 너희에게 임하시면 너희가 권능을 받고"(행 1:8). 오늘 우리가 해야 할 것은 이 약속을 믿고 구하는 일이다.

우리가 바른 신학과 교리를 배우는 것은 중요하다. 그러나 바른 신학과 교리를 아는 것이 성령의 권능을 대신할 수는 없다. 성령의 권능은 성도의 내적인 성장을 위해 필요하다. "소망의 하나님이 모든 기쁨과 평강을 믿음 안에서 너희에게 충만하게 하사 성령의 능력으로 소망이 넘치게 하시기를 원하노라"(롬 15:13). "너희에게 성령을 주시고 너희 가운데서 능력을 행하시는 이의 일이 율법의 행위에서냐 혹은 듣고 믿음에서냐"(갈 3:5). "그의 영광의 풍성함을 따라 그의 성령으로 말미암아 너희 속사람을 능력으로 강건하게 하시오며"(엡 3:16). 더 나아가 성령의 권능은 성도의 외적인 사역을 위해서도 필요하다. 오늘 우리에게 절실하게 필요한 것은 이러한 성령의 권능을 체험하는 일이다. 이를 위해 우리는 성령의 권능을 사모하고 기대하고 구해야 한다.

CHAPTER
03

또 다른 보혜사

———

"내가 아버지께 구하겠으니 그가 또 다른 보혜사를 너희에게 주
사 영원토록 너희와 함께 있게 하리니 그는 진리의 영이라 세상은
능히 그를 받지 못하나니 이는 그를 보지도 못하고 알지도 못함이
라 그러나 너희는 그를 아나니 그는 너희와 함께 거하심이요 또 너
희 속에 계시겠음이라" _ **요 14:16-17**

요한복음 14-16장은 예수님의 고별설교로 불린다. 이것은 예수
님이 잡히시기 전 마지막으로 제자들과 나눈 말씀이다. 이 말씀 가
운데 예수님은 네 번 보혜사 성령에 대해 언급하신다(요 14:16, 26;
15:26; 16:7). 이제 살펴볼 것은 첫 번째로 언급하신 내용이다.

먼저, 예수님은 성령에 대한 약속을 말씀하신다. "내가 아버지께

구하겠으니 그가 또 다른 보혜사를 너희에게 주사." 여기서 "보혜사"는 성령을 가리킨다. 예수님은 14장 26절에서 "보혜사 곧 아버지께서 내 이름으로 보내실 성령"이라고 분명히 말씀하신다.

예수님은 이 고별설교에서 성령에 대한 약속을 반복해서 말씀하신다. "보혜사 곧 아버지께서 내 이름으로 보내실 성령"(요 14:26). "내가 아버지께로부터 너희에게 보낼 보혜사 곧 아버지께로부터 나오시는 진리의 성령이 오실 때에"(요 15:26상). "그러나 내가 너희에게 실상을 말하노니 내가 떠나가는 것이 너희에게 유익이라 내가 떠나가지 아니하면 보혜사가 너희에게로 오시지 아니할 것이요 가면 내가 그를 너희에게로 보내리니"(요 16:7).

성령에 대한 이 약속은 예수님이 영광을 받으신 후 성취될 것이었다(요 7:39). 이 약속은 오순절에 성취된다. 그래서 오순절에 성령이 오셨을 때, 사도 베드로는 이렇게 설교한다. "하나님이 오른손으로 예수를 높이시매 그가 약속하신 성령을 아버지께 받아서 너희가 보고 듣는 이것을 부어 주셨느니라"(행 2:33). 이것은 "내가 아버지께 구하겠으니 그가 또 다른 보혜사를 너희에게 주사"라는 약속의 성취다.

그다음, 예수님은 이 약속의 성취가 가져올 결과를 말씀하신다. "영원토록 너희와 함께 있게 하리니." 이것은 성령께서 영원토록 제자들과 함께 있으실 것을 말한다. 이것은 예수님이 제한된 기간 동안 제자들과 함께 계셨던 것과 비교된다. 예수님은 앞서 이렇게 말씀하셨다. "작은 자들아 내가 아직 잠시 너희와 함께 있겠노라"(요 13:33). 그러나 오순절에 오신 보혜사 성령은 예수님의 말씀대로 "영원토록" 우리와 함께 계신다.

또 다른 보혜사

여기서 우리는 예수님이 말씀하신 "또 다른 보혜사"라는 말에 주목할 필요가 있다. "보혜사"라는 말은 다양하고 풍부한 의미를 내포한다. 이 말은 위로자, 상담자, 돕는 자, 대언자 등으로 번역이 가능하다. 한글 성경에서는 보혜사(保惠師)라고 번역해 놓았다. 이 말은 지키시고(도우시고), 은혜를 베푸시고, 가르치시는 분이라는 의미를 담고 있다.

그런데 중요한 것은 예수님이 "또 다른 보혜사"라고 말씀하신 점이다. 여기 "또 다른"(another)이라는 말에는 이미 보혜사가 계신다는 전제가 들어 있다. 그렇다면 이미 계신 보혜사는 누구일까? 바로 예수 그리스도시다. 신약성경에서 요한복음 외에 보혜사라는 말이 쓰인 곳은 한 군데 더 있다. 요한일서 2장 1절이다. "만일 누가 죄를 범하여도 아버지 앞에서 우리에게 대언자가 있으니 곧 의로우신 예수 그리스도시라." 여기 "대언자"라는 말이 요한복음에서는 "보혜사"라고 번역되었다. "의로우신 예수 그리스도"가 대언자, 즉 보혜사인 것이다.

따라서 예수님이 이 땅에 계신 동안 제자들은 보혜사와 함께 있었던 것이다. 그들에게 예수님은 위로자거나 상담자거나 돕는 자거나 대언자였던 것이다. 그런데 이제 예수님은 제자들을 떠나 아버지께로 가실 때가 되었다. 요한복음 14장 2절에서 예수님은 "내가 너희를 위하여 거처를 예비하러 가노니"라고 말씀하셨다. 여기에 '간다'는 말이 나온다. 예수님이 제자들을 떠나 하나님 아버지께로 가실 것을 말씀하신 것이다. 또 14장 12절에서도 예수님은 이렇게 말씀하셨다. "내가 진실로 진실로 너희에게 이르노니 나를 믿는 자는 내가 하는 일을 그도 할 것이요 또한 그보다 큰 일도 하리니 이는 내가 아버지께로 감이라." 여기도 '간다'는 말이 또 나온다.

이처럼 예수님은 자신이 제자들을 떠나 아버지께로 가실 것을 거듭 말씀하셨다. 그러면서 14장 16절에서 이렇게 말씀하신다. "내가 아버지께 구하겠으니 그가 또 다른 보혜사를 너희에게 주사 영원토록 너희와 함께 있게 하리니." 예수님은 자신이 제자들을 떠나 아버지께로 가실 것을 말씀하시는 상황에서 "또 다른 보혜사"를 언급하신 것이다. 제자들에게 자신이 떠난 후 그 자리를 대신할 분을 소개한 것이다. 그분이 바로 "또 다른 보혜사"다. 제자들은 보혜사 예수님이 그들과 함께 계심으로 그분에게서 도움을 얻은 것처럼, 앞으로 또 다른 보혜사인 성령께서 그들과 함께 계심으로 그분에게서 도움을 얻게 될 것이다.

그래서 조지 스미튼은 성령을 가리켜 '그리스도의 대리인'으로 표현했다. 그러면서 성령의 역할에 대해 이렇게 말했다. "그분은 그리스도께서 세상을 떠나신 후에 구주의 자리를 대신하여 공적인 책무나 위급한 상황의 모든 경우에 필요한 도움을 주셔야 한다."[09]

만일 예수님이 우리와 함께 계시면 얼마나 좋을까! 우리가 예수님의 가르침을 직접 듣거나 예수님의 모범을 직접 볼 수 있다면, 또 예수님의 도움을 직접 경험할 수 있다면, 그것은 놀라운 일이 될 것이다. 그러나 앞에서 읽은 말씀을 보면 우리는 이러한 도움을 성령께 받을 수 있다. 오늘날 보혜사 성령이 계셔서 예수님이 제자들과 함께 계실 때와 같은 도움을 우리에게 베푸신다. 성령이 "또 다른 보혜사"인 것이다. 그러므로 성령을 모시고 사는 삶은 놀라운 것이다. 성경의 제자들이 예수님을 모시고 산 것과 같다고 할 수 있다.

---

09 George Smeaton, *The Doctrine of the Holy Spirit* (Edinburgh: The Banner of Truth Trust, 1988), 50.

성령의 내주하심 ❧

그런데 여기서 예수님은 "또 다른 보혜사"에 대한 설명을 추가하신다. "그는 진리의 영이라 세상은 능히 그를 받지 못하나니 이는 그를 보지도 못하고 알지도 못함이라 그러나 너희는 그를 아나니 그는 너희와 함께 거하심이요 또 너희 속에 계시겠음이라"(요 14:17). 여기 "또 다른 보혜사"는 "진리의 영"으로 소개된다. 이것은 6절에서 예수님이 "내가 곧 길이요 진리요 생명이니"라고 말씀하신 것과 관련이 있다. "또 다른 보혜사"는 "진리의 영"으로서 진리이신 예수 그리스도를 증거하신다. 그래서 예수님은 뒤에서 진리의 영에 대해 이렇게 말씀하신다. "진리의 성령[영]이 오실 때에 그가 나를 증언하실 것이요"(요 15:26). "그러나 진리의 성령[영]이 오시면 그가 너희를 모든 진리 가운데로 인도하시리니 … 그가 내 영광을 나타내리니 내 것을 가지고 너희에게 알리시겠음이라"(요 16:13-14).

이처럼 "또 다른 보혜사"는 "진리의 영"으로서 제자들에게 예수 그리스도를 드러내신다. 이 진리의 영에 대해 예수님은 "세상"과 "너희"(제자들)를 대조해 말씀하신다. "세상은 능히 그를 받지 못하나니 이는 그를 보지도 못하고 알지도 못함이라 그러나 너희는 그를 아나니 그는 너희와 함께 거하심이요 또 너희 속에 계시겠음이라." 세상은 진리의 영을 알지 못하나 제자들은 안다.

세상이 진리의 영을 알지 못하는 것은 세상이 진리이신 예수님을 알지 못하는 것과 같다. "이는 그를 보지도 못하고 알지도 못함이라." "그가 세상에 계셨으며 세상은 그로 말미암아 지은 바 되었으되 세상이 그를 알지 못하였고"(요 1:10). 따라서 세상은 진리의 영을 능히 받지 못한다. 반면, 제자들이 진리의 영을 아는 것은 그들이 진리이신 예수님을 아는 것과 같다. "너희는 그를 아나니." "너희가 나를 알았더라면 내 아버지도 알았으리로다 이제부터는 너희가 그를 알았고 또 보았느니라"(요 14:7).

그런데 제자들이 진리의 영을 아는 이유는 이렇다. "그는 너희와 함께 거하심이요 또 너희 속에 계시겠음이라." 여기 진리의 영이 제자들과 관련된 두 가지 방식이 있다. 하나는 "너희와 함께 거하심이요"라는 것이고, 다른 하나는 "너희 속에 계시겠음이라"는 것이다. 이것은 지금까지는 성령께서 제자들과 함께 거하실 뿐이었지만, 앞으로는 성령께서 제자들 속에 계실 것을 말하는 것이 아니다. 예수님이 이 땅에 계실 동안에는 성령께서 예수님 위에 계신다는 의미에서 제자들과 함께 거하시지만, 예수님이 높임을 받으신 후에는 성령께서 영광을 받으신 그리스도의 영으로서 제자들 속에 계실 거라는 의미다.

따라서 "영원토록 너희와 함께 있게 하리니"라는 말씀은 영광을 받으신 그리스도의 영으로서 성령의 내주하심을 가리킨다. 이런 점에서 오늘 우리가 "또 다른 보혜사"인 성령을 모시고 사는 것은 성경의 제자들이 예수님을 모시고 살았던 것보다 발전된 면이 있다. 예수님은 이미 영광을 받으셨기 때문이다. 이러한 성령의 내주하심은 구약성경에서 이미 예언된 사실이다. "내가 그들에게 한 마음을 주고 그 속에 새 영을 주며 그 몸에서 돌 같은 마음을 제거하고 살처럼 부드러운 마음을 주어"(겔 11:19). "또 새 영을 너희 속에 두고 새 마음을 너희에게 주되 너희 육신에서 굳은 마음을 제거하고 부드러운 마음을 줄 것이며 또 내 영을 너희 속에 두어 너희로 내 율례를 행하게 하리니 너희가 내 규례를 지켜 행할지라"(겔 36:26-27). "내가 또 내 영을 너희 속에 두어 너희가 살아나게 하고 내가 또 너희를 너희 고국 땅에 두리니 나 여호와가 이 일을 말하고 이룬 줄을 너희가 알리라 여호와의 말씀이니라"(겔 37:14).

성령의 인격과 신성 ❧

여기서 우리는 보혜사 성령도 인격이시라는 점을 분명히 알 필요가 있다. 성령은 예수님이 그렇듯 인격적인 존재시다. 그래서 예수님의 역할을 대신하실 수 있다. 스위트(H. B. Swete)는 말한다.

"주님이 사도들에게서 떠났을 때 그들이 느꼈을 인격적 인도나 보호의 부재는 그 어떤 비인격적인 영향력으로도 채울 수 없는 것이었다."[10] 만일 성령이 단지 어떤 '영향력'이나 '능력'에 불과하다면, 그분은 결코 "또 다른 보혜사"가 될 수 없다.

그런데 이 말씀은 성령이 인격이라는 사실에 오해를 불러일으킬 수 있다. 16절의 "보혜사"라는 말은 남성명사지만, 17절의 "영"이라는 말은 중성명사다. 그래서 그 뒤로는 성령을 가리켜 중성대명사가 사용된다. "그는 진리의 영[중성]이라 세상은 능히 그[중성]를 받지 못하나니 이는 그[중성]를 보지도 못하고 알지도 못함이라 그러나 너희는 그[중성]를 아나니 그는 너희와 함께 거하심이요 또 너희 속에 계시겠음이라." 그렇지만 예수님은 이것 때문에 오해하지 않도록 말씀하신다. 예수님은 그 뒤로 성령을 가리켜 남성대명사를 사용하셨기 때문이다. "보혜사 곧 아버지께서 내 이름으로 보내실 성령[중성] 그[남성]가 너희에게 모든 것을 가르치고 내가 너희에게 말한 모든 것을 생각나게 하리라"(요 14:26). 이 외에도 성령을 가리켜 중성대명사(그것) 대신 남성대명사(그분)를 사용한 경우는 계속 나타난다(요 15:26; 16:8, 13, 14). 예수님이 이렇게 중성명사를 남성

---

10   W. H. Griffith Thomas, *The Holy Spirit*, 『성령론』, 신재구 역(고양, 크리스챤다이제스트, 2003), p.95에서 재인용.

대명사로 표현하신 것은 문법을 어긴 것이 아니다. 성령이 인격이심을 드러내려고 의도적으로 그렇게 하신 것이다.

또 성경에서 성령이 말씀하시고, 가르치시고, 증거하시고, 간구하시는 분으로 묘사된 것은 그분의 인격적인 활동을 보여준다. 그리고 "성령과 우리는 이 요긴한 것들 외에는 아무 짐도 너희에게 지우지 아니하는 것이 옳은 줄 알았노니"(행 15:28)라는 말씀은 성령을 그리스도인과 동일한 인격으로 묘사한다.

이밖에도, 성경은 성령이 지니신 인격적인 성품을 보여준다. 성령은 지성이 있는 분이다. "사람의 일을 사람의 속에 있는 영 외에 누가 알리요 이와 같이 하나님의 일도 하나님의 영 외에는 아무도 알지 못하느니라"(고전 2:11). 또 성령은 의지가 있는 분이다. "이 모든 일은 같은 한 성령이 행하사 그의 뜻대로 각 사람에게 나누어 주시는 것이니라"(고전 12:11). 또 성령은 감정도 있는 분이다. "오직 성령이 말할 수 없는 탄식으로 우리를 위하여 친히 간구하시느니라"(롬 8:26). "하나님의 성령을 근심하게 하지 말라"(엡 4:30).

특별히 성령은 인격이되 신적 인격이시다. 성령은 하나님이시다(성부 하나님, 성자 하나님, 성령 하나님). 성령이라는 말 속에 들어있는 '거룩하다'는 말이 그 점을 가리킨다(거룩함은 하나님의 속성이다). 아나니아가 그 아내 삽비라와 더불어 소유를 팔아 얼마를 감추었을 때, 베드로가 한 말은 이 점을 잘 보여준다. "아나니아야 어찌하여 사탄이 네 마음에 가득하여 네가 성령을 속이고 땅 값 얼마를 감추었느냐 … 사람에게 거짓말한 것이 아니요 하나님께로다"(행 5:3-4).

우리가 세례를 줄 때 사용하는 문구에도 이 점이 나타난다. "그러므로 너희는 가서 모든 민족을 제자로 삼아 아버지와 아들과 성령의 이름으로 세례를 베풀고"(마 28:19). 또 우리가 예배 중 축도에 사용하는 말씀에도 이 점이 나타난다. "주 예수 그리스도의 은혜와 하나님의 사랑과 성령의 교통하심이 너희 무리와 함께 있을지어다"(고후 13:13).

사도 요한은 아시아에 있는 일곱 교회에 편지하면서 이런 인사말로 시작한다. "이제도 계시고 전에도 계셨고 장차 오실 이와 그의 보좌 앞에 있는 일곱 영과 또 충성된 증인으로 죽은 자들 가운데에서 먼저 나시고 땅의 임금들의 머리가 되신 예수 그리스도로 말미암아 은혜와 평강이 너희에게 있기를 원하노라"(계 1:4-5). 여기서 일곱 영은 성령을 가리킨다. 따라서 성령은 성부와 성자 사이에 언급되어 있어서 하나님이라는 사실이 분명해진다.

우리는 성령이 인격이심을 믿는가? 우리는 성령을 어떤 보이지 않는 영향력이나 힘 정도로만 여기지 않는가? 성령은 인격이시다.

특히, 성령은 하나님인 인격이시다. 그렇다면 성령에 대한 우리의 태도가 달라져야 하지 않겠는가?

1904년 웨일즈 부흥 시에 에반 로버츠는 강단마다 돌아다니면서 이렇게 외쳤다고 한다. "성령을 영예롭게 하라!"[11] 우리는 성령을 하나님으로 높이고, 그분의 주권에 복종하고 있는가? 우리는 성령에 대해 무관심하지 않은가? 우리는 성령에 대해 경솔하고 무례하게 행동하고 있지 않은가? 사도 바울이 말한 대로 우리는 성령을 근심하게 하고 있지 않은가?

---

11 J. I. Packer, *Keep in Step with the Spirit*, 『성령을 아는 지식』, 서문강 역(서울: 새순출판사, 1986), p.309.

CHAPTER
04
생수의 강

———

> "명절 끝날 곧 큰 날에 예수께서 서서 외쳐 이르시되 누구든지
> 목마르거든 내게로 와서 마시라 나를 믿는 자는 성경에 이름과 같
> 이 그 배에서 생수의 강이 흘러나오리라 하시니 이는 그를 믿는 자
> 들이 받을 성령을 가리켜 말씀하신 것이라 (예수께서 아직 영광을
> 받지 않으셨으므로 성령이 아직 그들에게 계시지 아니하시더라)"
>
> **_ 요 7:37-39**

이 내용은 예수님의 말씀과 그 말씀에 대한 사도 요한의 설명으
로 되어 있다. 여기 "명절"은 초막절을 가리킨다(요 7:2). 이때 "명절
끝날 곧 큰 날에"라는 말이나 "서서 외쳐"라는 말은 예수님의 말씀
이 갖는 중요성을 나타낸다. 예수님은 명절에 성전에 올라온 사람

들이 다 들을 수 있도록 큰 소리로 말씀하셨다. "누구든지 목마르거
든 내게로 와서 마시라 나를 믿는 자는 성경에 이름과 같이 그 배에
서 생수의 강이 흘러나오리라."

그다음에 예수님의 말씀에 대한 사도 요한의 설명이 이어진다.
"이는 그를 믿는 자들이 받을 성령을 가리켜 말씀하신 것이라 (예수
께서 아직 영광을 받지 않으셨으므로 성령이 아직 그들에게 계시지
아니하시더라)." 이 설명에 따르면, 목마른 자가 마시게 될 "생수의
강"은 성령을 가리킨다.

생수의 근원 ❧

예수님의 말씀은 초대와 약속 둘로 이루어져 있다. "누구든지
목마르거든 내게로 와서 마시라." 이것은 예수님을 믿으라는 초대
다. 바로 다음에 "나를 믿는 자는"이라는 말이 이어지기 때문이다.
이 초대에는 약속이 주어진다. "나를 믿는 자는 성경에 이름과 같이
그 배에서 생수의 강이 흘러나오리라." 이것은 결코 목마르지 않을
것이라는 약속이다. 요한복음에서 이 약속은 예수님이 사마리아 여
인에게 주신 약속과 같다. "내가 주는 물을 마시는 자는 영원히 목
마르지 아니하리니"(요 4:14). 또 예수님이 가버나움에서 무리에게

주신 약속과 같다. "나를 믿는 자는 영원히 목마르지 아니하리라"(요 6:35).

그런데 중요한 것은, 예수님의 이 말씀에 나타난 약속과 사마리아 여인에게 주신 약속의 공통점이다. 왜냐하면 두 경우에만 예수님이 "생수"를 언급하시기 때문이다. 이 두 경우에 예수님은 자신을 생수의 근원으로 말씀하신다. "네가 만일 하나님의 선물과 또 네게 물 좀 달라 하는 이가 누구인 줄 알았더라면 네가 그에게 구하였을 것이요 그가 생수를 네게 주었으리라"(요 4:10). 여기 "그"는 예수님 자신을 가리킨다. "누구든지 목마르거든 내게로 와서 마시라 나를 믿는 자는 성경에 이름과 같이 그 배에서 생수의 강이 흘러나오리라"(요 7:37-38). 여기 "나"는 역시 예수님 자신을 가리킨다.

이와 함께 또 다른 공통점이 있다. 그것은 이 생수가 생수를 마시는 사람 자신에게서 흘러나올 것이라는 사실이다. 예수님은 사마리아 여자에게 말씀하셨다. "내가 주는 물을 마시는 자는 영원히 목마르지 아니하리니 내가 주는 물은 그 속에서 영생하도록 솟아나는 샘물이 되리라"(요 4:14). 본문에서 예수님은 신자에게 이런 약속을 주신다. "나를 믿는 자는 성경에 이름과 같이 그 배에서 생수의 강이 흘러나오리라"(요 7:38).

그렇다면 이 사실은 무엇을 의미할까? 사도 요한은 예수님의 말씀에 대해 설명을 추가한다. "이는 그를 믿는 자들이 받을 성령을 가리켜 말씀하신 것이라." 그렇다면 생수가 생수를 마시는 사람 자신에게서 흘러나올 것이라는 사실은 믿는 자가 성령을 받게 될 것을 의미한다.

이처럼 하나님은 목마른 자들에게 이 생수를 마시라고 초대하신다. 일찍이 성부 하나님께서 말씀하셨다. "너희 모든 목마른 자들아 물로 나아오라 돈 없는 자도 오라"(사 55:1). 또 성자 예수님도 이 땅에 오셔서 외치셨다. "누구든지 목마르거든 내게로 와서 마시라"(요 7:37). 그뿐 아니라 성령께서도 지금 말씀하신다. "성령과 신부가 말씀하시기를 오라 하시는도다 듣는 자도 오라 할 것이요 목마른 자도 올 것이요 또 원하는 자는 값없이 생명수를 받으라 하시더라"(계 22:17).

이 초대에는 아무 제한이 없다. "누구든지 목마르거든"이다. 예수님은 자신의 갈증을 깨닫고 도움 받기 원하는 사람은 얼마든지 오라고 부르신다. 무엇에 대한 갈증일까? 생수에 대한 갈증이다. 이것은 생명을 주시는 성령에 대한 갈증이라고 할 수 있다. 예수님을 믿지 않는 사람은 한 마디로 "성령이 없는 자"(유 1:19)다. 성령이 없으면 생명도 없다. 그래서 예수님은 니고데모에게 말씀하셨다. "진실로 진실로 네게 이르노니 사람이 물과 성령으로 나지 아니하면 하나님의 나라에 들어갈 수 없느니라 육으로 난 것은 육이요 영으로 난 것은 영이니 내가 네게 거듭나야 하겠다 하는 말을 놀랍게 여기지 말라"(요 3:5-7). 또 예수님은 제자들 중 믿지 않는 사람이 있음을 아시고 말씀하셨다. "살리는 것은 영이니 육은 무익하니라 내가 너희에게 이른 말은 영이요 생명이라"(요 6:63). 예수님을 믿지 않으면 지식, 돈, 지위, 명예를 다 가졌어도 생명이 없다. 이 사실을 깨닫는 자는 목마른 자가 된다.

예수님은 그런 사람에게 "내게로 와서 마시라"고 초대하신다. 그분에게는 충분한 생수가 있기 때문이다. 예수님이 생수의 근원이시다. 예수님이 성령을 주는 분이시다. 여기에 대한 세례 요한의 증언이 있다. "내가 보매 성령이 비둘기 같이 하늘로부터 내려와서 그의 위에 머물렀더라 나도 그를 알지 못하였으나 나를 보내어 물로 세례를 베풀라 하신 그이가 나에게 말씀하시되 성령이 내려서 누구 위에든지 머무는 것을 보거든 그가 곧 성령으로 세례를 베푸는 이인 줄 알라 하셨기에 내가 보고 그가 하나님의 아들이심을 증언하였노라 하니"(요 1:32-34). 예수님도 이 사실을 말씀하신다. "내가 아버지께로부터 너희에게 보낼 보혜사 곧 아버지께로부터 나오시는 진리의 성령"(요 15:26). "내가 떠나가지 아니하면 보혜사가 너희에게로 오시지 아니할 것이요 가면 내가 그를 너희에게로 보내리니"

(요 16:7). 오순절에 성령이 임했을 때 사도 베드로는 이렇게 설교했다. "하나님이 오른손으로 예수를 높이시매 그가 약속하신 성령을 아버지께 받아서 너희가 보고 듣는 이것을 부어 주셨느니라"(행 2:33).

이 모든 것이 보여주는 것은 예수님이 생수의 근원이라는 사실이다. 다른 어디서도 이 생수를 얻을 수 없다. 그래서 예수님은 서서 외치셨다. "누구든지 목마르거든 내게로 와서 마시라." 예수 그리스도를 믿을 때 당신의 갈증은 비로소 해소될 것이다. 1745년 2월 17일 주일 데이비드 브레이너드는 자신의 일기에 이렇게 썼다.

거친 벌판의 볕바른 양지에서 백인을 상대로 복음을 전하였다. 상당히 많은 사람이 몰려들었는데, 그들 중 대부분은 30마일 이상 떨어진 곳에 사는 사람들이었다. '누구든지 목마르거든 내게로 와서 마시라'고 서서 외치신 말씀(요 7:37)을 붙들고 종일 복음을 전했다. 오후에 하나님께서 설교에 뜨거운 열정과 자유함을 주셨다. 서서 외치신 그리스도를 본받을 수 있었다. 내 생애에서 이때보다 더 분명함과 자유함을 가지고 죽을 수밖에 없는 죄인들에게 복음을 전해 본 적은 별로 없었다고 생각된다.

설교를 끝내면서 나는 생명수가 솟아나는 이 반석에 새롭게 나아와 마시라고 하나님의 자녀들을 초청할 수 있었다. 그때 그들은 말할 수 없는 충만함에 사로잡혔다. 나에겐 여간 위로가 되지 않았다. 모임 가운데 눈물이 홍수를 이루고 있었다. 불쌍한 죄임임을 회개하며 그리스도를 갈구하는 그들 가운데 성령께서 임하셨음은 의심할 여지가 없었다.[12]

성령의 부어주심

이제 우리는 사도 요한의 남은 설명을 살펴볼 필요가 있다. "(예수께서 아직 영광을 받지 않으셨으므로 성령이 아직 그들에게 계시지 아니하시더라)." 이것은 오순절 성령 강림을 의식한 설명이다. 이때 "성령이 아직 그들에게 계시지 아니하시더라"는 무슨 뜻일까? 이 말이 오순절 이전에는 성령이 계시지 않았다는 뜻이 아님은 분명하다. 이 말은 오순절 이전과 이후에 성령의 임재가 달라졌다는 뜻이다. 그 차이는 예수님이 영광을 받으심으로써 생겨난 것이다.

그 차이는 두 가지로 나타난다. 첫째, 예수님을 믿으면 누구나 성령을 받게 된다. 예수님의 말씀에는 이 사실이 반복해서 나타난다.

---

12 Jonathan Edwards, ed. *The Life of David Brainerd*, 『데이비드 브레이너드 생애와 일기』, 윤기향 역(고양: 크리스챤다이제스트, 1984), p.107.

"나를 믿는 자는 성경에 이름과 같이 그 배에서 생수의 강이 흘러나오리라 하시니 이는 그를 믿는 자들이 받을 성령을 가리켜 말씀하신 것이라."

구약시대에 성령의 임재는 그 범위가 선택적이고 제한적이었다. 성령은 선지자, 제사장, 왕같이 특수한 직무를 위해 주어졌다. 모세는 민수기 11장 29절에서 이렇게 말한 적이 있다. "여호와께서 그의 영을 그의 모든 백성에게 주사 다 선지자가 되게 하시기를 원하노라." 모세의 이 희망이 이루어진 것은 오순절 성령 강림을 통해서다. 그래서 베드로는 오순절 성령 강림을 설명하면서 선지자 요엘의 예언을 인용한다. "하나님이 말씀하시기를 말세에 내가 내 영을 모든 육체에 부어 주리니 너희의 자녀들은 예언할 것이요 너희의 젊은이들은 환상을 보고 너희의 늙은이들은 꿈을 꾸리라 그 때에 내가 내 영을 내 남종과 여종들에게 부어 주리니 그들이 예언할 것이요"(행 2:17-18). 그리고 그의 설교를 듣고 마음에 찔려 "형제들아 우리가 어찌할꼬" 묻는 이들에게 말했다. "너희가 회개하여 각각 예수 그리스도의 이름으로 세례를 받고 죄 사함을 받으라 그리하면 성령의 선물을 받으리니 이 약속은 너희와 너희 자녀와 모든 먼 데 사람 곧 주 우리 하나님이 얼마든지 부르시는 자들에게 하신 것이라"(행 2:38-39).

이처럼 오순절 이후에 성령의 임재는 그 범위가 모든 믿는 자에게로 확대된 점에서 이전과 다르다. 이제 예수님을 믿는 자는 누구나 성령을 받는다. "그런즉 하나님이 우리가 주 예수 그리스도를 믿을 때에 주신 것과 같은 선물을 그들에게도 주셨으니"(행 11:17). "너희가 성령을 받은 것이 율법의 행위로냐 혹은 듣고 믿음으로냐"(갈 3:2). "또 우리로 하여금 믿음으로 말미암아 성령의 약속을 받게 하려 함이라"(갈 3:14). "그 안에서 너희도 진리의 말씀 곧 너희의 구원의 복음을 듣고 그 안에서 또한 믿어 약속의 성령으로 인치심을 받았으니"(엡 1:13).

둘째, 성령에 관한 예수님의 약속은 풍성하다. "나를 믿는 자는 성경에 이름과 같이 그 배에서 생수의 강이 흘러나오리라." 여기 "성경에 이름과 같이"라는 말은 구약의 특정 본문을 가리키지 않는다. 그런데 이 약속과 관련된 두 개의 중요한 말씀이 있다. 하나가 스가랴 14장 8절이다. "그 날에 생수가 예루살렘에서 솟아나서 절반은 동해로, 절반은 서해로 흐를 것이라 여름에도 겨울에도 그러하리라"(슥 14:8). 이것은 구약에서 생수가 언급된 유일한 말씀이다. 또 이 말씀은 초막절과도 관련이 있다(슥 14:16, 19).

또 하나, 더 중요한 말씀은 에스겔 47장 1-12절이다. 먼저, 에스겔이 본 것은 성전에서 발원한 물이 이룬 강이다. "그가 나를 데리고 성전 문에 이르시니 성전의 앞면이 동쪽을 향하였는데 그 문지방 밑에서 물이 나와 동쪽으로 흐르다가 성전 오른쪽 제단 남쪽으로 흘러 내리더라 그가 또 나를 데리고 북문으로 나가서 바깥 길로 꺾여 동쪽을 향한 바깥 문에 이르시기로 본즉 물이 그 오른쪽에서 스며 나오더라 그 사람이 손에 줄을 잡고 동쪽으로 나아가며 천 척을 측량한 후에 내게 그 물을 건너게 하시니 물이 발목에 오르더니 다시 천 척을 측량하고 내게 물을 건너게 하시니 물이 무릎에 오르고 다시 천 척을 측량하고 내게 물을 건너게 하시니 물이 허리에 오르고 다시 천 척을 측량하시니 물이 내가 건너지 못할 강이 된지라 그 물이 가득하여 헤엄칠 만한 물이요 사람이 능히 건너지 못할 강이더라"(1-5절).

그다음, 에스겔이 본 것은 이 강이 생수의 강이라는 사실이다. "그가 내게 이르시되 인자야 네가 이것을 보았느냐 하시고 나를 인도하여 강 가로 돌아가게 하시기로 내가 돌아가니 강 좌우편에 나무가 심히 많더라 그가 내게 이르시되 이 물이 동쪽으로 향하여 흘러 아라바로 내려가서 바다에 이르리니 이 흘러 내리는 물로 그 바다의 물이 되살아나리라 이 강물이 이르는 곳마다 번성하는 모든 생물이 살고 또 고기가 심히 많으리니 이 물이 흘러 들어가므로 바닷물이 되살아나겠고 이 강이 이르는 각처에 모든 것이 살 것이며 또 이 강 가에 어부가 설 것이니 엔게디에서부터 에네글라임까지 그물 치는 곳이 될 것이라 그 고기가 각기 종류를 따라 큰 바다의 고기 같이 심히 많으려니와 그 진펄과 개펄은 되살아나지 못하고 소금 땅이 될 것이며 강 좌우 가에는 각종 먹을 과실나무가 자라서 그 잎이 시들지 아니하며 열매가 끊이지 아니하고 달마다 새 열매를 맺으리니 그 물이 성소를 통하여 나옴이라 그 열매는 먹을 만하고 그 잎사귀는 약 재료가 되리라"(6-12절).

이 광경의 마지막 부분은 사도 요한이 본 광경과 아주 흡사하다. "또 그가 수정 같이 맑은 생명수의 강을 내게 보이니 하나님과 및 어린 양의 보좌로부터 나와서 길 가운데로 흐르더라 강 좌우에 생명나무가 있어 열두 가지 열매를 맺되 달마다 그 열매를 맺고 그 나무 잎사귀들은 만국을 치료하기 위하여 있더라"(계 22:1-2). 그런데 이 강은 "생명수의 강"으로 불린다. 그렇다면 에스겔이 본 것은 생수의 강임이 분명하다. 이처럼 본문에서 성령에 관한 예수님의 약속은 에스겔의 말씀과 관련이 있다. 놀라운 사실은, 에스겔의 말씀에서 생수는 성전에서 나왔지만 예수님은 생수가 예수님을 믿는 자에게서 나올 거라고 말씀하신 점이다(겔 36:26-27; 37:14 참조).

따라서 예수님이 성령의 약속을 신자 안에서 흘러나는 생수의 강으로 표현하신 것은 성령의 풍성한 은혜를 나타낸다. 에스겔이 본 물이 점차 발목에 오르고, 무릎에 오르고, 허리에 오르다가 마침 내 창일하여 헤엄할 물이 된 것처럼 성령의 은혜는 풍성하다.

이 점에서 오순절 이후에 성령의 임재는 그 정도가 이전과 다르 다. 이사야 선지자는 이러한 차이를 내다보고 예언했다. "마침내 위 에서부터 영을 우리에게 부어 주시리니 광야가 아름다운 밭이 되 며 아름다운 밭을 숲으로 여기게 되리라"(사 32:15). "나는 목마른 자 에게 물을 주며 마른 땅에 시내가 흐르게 하며 나의 영을 네 자손에 게, 나의 복을 네 후손에게 부어 주리니"(사 44:3). 특히 선지자 스가 랴와 요엘은 성령의 부어주심을 예언했다. "내가 다윗의 집과 예루 살렘 주민에게 은총과 간구하는 심령을 부어 주리니"(슥 12:10). "그 후에 내가 내 영을 만민에게 부어 주리니 … 그 때에 내가 또 내 영 을 남종과 여종에게 부어 줄 것이며"(욜 2:28-29).

그래서 신약의 저자들도 이 표현을 그대로 사용했다. "하나님이 오른손으로 예수를 높이시매 그가 약속하신 성령을 아버지께 받아 서 너희가 보고 듣는 이것을 부어 주셨느니라"(행 2:33). "베드로와 함께 온 할례 받은 신자들이 이방인들에게도 성령 부어 주심으로 말미암아 놀라니"(행 10:45). "우리 구주 예수 그리스도로 말미암아 우리에게 그 성령을 풍성히 부어 주사"(딛 3:6). 존 오웬은 "복음시대 이전에는 하나님이 성령을 조금 주셨지만, 복음시대에는 성령을 부어 주셨다"고 말하면서 "부어 주신다는 말은 완전히 족한 충만을 나타내는 말"[13]이라고 설명한다.

이처럼 오순절 이후 성령의 임재는 우리를 만족시킬 수 있는 풍성함으로 나타난다. 그것이 "그 배에서 생수의 강이 흘러나오리라"는 말씀이 주는 의미다. 우리는 이렇게 풍성한 성령의 은혜를 아는가? 칼빈은 말한다.

> 이 말씀이 우리에게 상기시켜주는 것은 우리 믿음의 수용 능력이 얼마나 작은가 하는 것이다. 왜냐하면 성령의 은혜는 겨우 한 방울씩 우리에게 오기 때문이다. 우리가 그리스도를 바로 모신다면, 즉 우리가 믿음으로 그분을 받아들일 수 있다면, 성령의 은혜는 강같이 흐를 것이다.[14]

우리가 성령께서 주시는 부흥을 사모해야 하는 이유가 여기 있다. 부흥은 풍성한 생명의 역사다. 부흥은 죽은 자를 살리고, 잠든 생명에 활력을 불어넣는 것이다. 이러한 생명의 역사는 성령으로

---

13 John Owen, *The Holy Spirit His Gift and Power*, 『개혁주의 성령론』, 이근수 역(서울: 여수룬, 1988), p.88.

14 Calvin, *Commentary on John* 7:38.

가능하다. "그가 또한 우리를 새 언약의 일꾼 되기에 만족하게 하셨으니 율법 조문으로 하지 아니하고 오직 영으로 함이니 율법 조문은 죽이는 것이요 영은 살리는 것이니라"(고후 3:6).

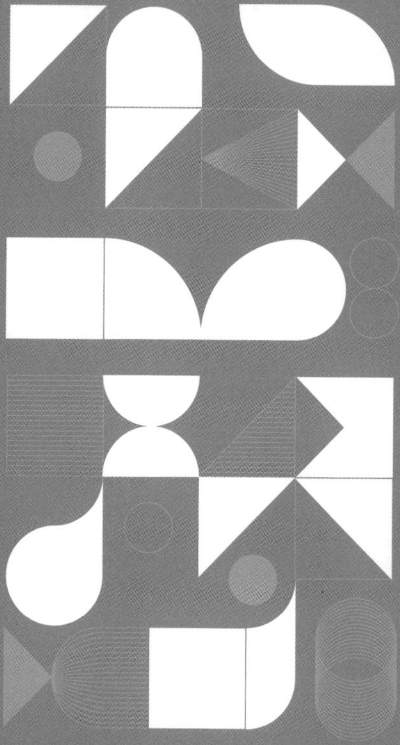

PART 2
성령과 구원

• • •

성자 하나님은 이 아버지의 계획에 복종하셨다.
그래서 성령께서 그리스도의 몸을 창조하셨을 때
성자께서는 그 몸을 취하심으로써 자신과 인격적인 결합을 이루셨다.
그리스도는 성령으로 잉태되어 동정녀의 몸에서 나신 것이다.
그리스도의 몸이 동정녀의 몸에서 만들어진 것은 성령께서 행하신
무한한 능력의 창조 행위였다.
이처럼 성육신을 가능케 한 성령의 사역은 우리의 구원을 위한 것이다.

CHAPTER
05
성육신과 성령

———

"예수 그리스도의 나심은 이러하니라 그의 어머니 마리아가 요셉과 약혼하고 동거하기 전에 성령으로 잉태된 것이 나타났더니 … 아들을 낳으리니 이름을 예수라 하라 이는 그가 자기 백성을 그들의 죄에서 구원할 자이심이라 하니라" _ 마 1:18, 21

"천사가 대답하여 이르되 성령이 네게 임하시고 지극히 높으신 이의 능력이 너를 덮으시리니 이러므로 나실 바 거룩한 이는 하나님의 아들이라 일컬어지리라" _ 눅 1:35

청교도인 존 오웬은 성령에 관한 그의 책에서 말한다. "새로운 창조에 있어서의 성령의 공급과 그 활동은 첫째 교회의 머리이신 주

예수 그리스도와 관련이 있고, 둘째로는 그의 신비스러운 몸의 지
체들과 관련이 있다."[15] 그가 말한 "새로운 창조"는 첫 창조와 구분
하여 "그리스도를 통한 만물의 새로운 창조, 곧 복음"[16]을 말한다.
이 복음을 위해 성령께서 하신 일은 둘로 구분할 수 있다. 하나는
그리스도와 관련하여 성령께서 하신 일이다. 또 하나는 그리스도인
인 우리와 관련하여 성령께서 하신 일이다.

동정녀 탄생 ໒

먼저, 그리스도와 관련하여 성령께서 하신 일을 살펴보자. 여
기서 첫째로 살펴볼 것은 성육신에서 나타난 성령의 사역이다. 성
육신은 영원하신 하나님의 아들이 인성을 취하신 것을 말한다. 이
것은 예수 그리스도의 동정녀 탄생을 통해 이루어졌다. 성경은 이
과정에서 놀라운 성령의 활동이 있었음을 보여준다.

누가는 천사 가브리엘이 마리아에게 수태할 사실을 알려준 장면
을 기록한다. 이때 마리아가 천사에게 묻는다. "나는 남자를 알지 못

---

15 존 오웬, 『개혁주의 성령론』, p.132.

16 존 오웬, 『개혁주의 성령론』, p.123.

하니 어찌 이 일이 있으리이까"(눅 1:34). 그러자 천사 가브리엘이 대답한다. "성령이 네게 임하시고 지극히 높으신 이의 능력이 너를 덮으시리니 이러므로 나실 바 거룩한 이는 하나님의 아들이라 일컬어지리라"(눅 1:35). 여기 "성령이 네게 임하시고"와 "지극히 높으신 이의 능력이 너를 덮으시리니"는 하나의 사실을 말한 것이다. 이것은 마리아가 성령의 능력으로 잉태하게 될 것을 의미한다.

마태 역시 그리스도께서 성령으로 잉태되어 동정녀의 몸에서 나실 것을 기록한다. 그는 그리스도의 출생에 대해 이렇게 설명한다. "예수 그리스도의 나심은 이러하니라 그의 어머니 마리아가 요셉과 약혼하고 동거하기 전에 성령으로 잉태된 것이 나타났더니 그의 남편 요셉은 의로운 사람이라 그를 드러내지 아니하고 가만히 끊고자 하여 이 일을 생각할 때에 주의 사자가 현몽하여 이르되 다윗의 자손 요셉아 네 아내 마리아 데려오기를 무서워하지 말라 그에게 잉태된 자는 성령으로 된 것이라"(마 1:18-20). 천사가 마리아에게 성령의 능력으로 잉태할 것이라 말한 것을 누가가 기록했다면, 마태는 천사가 요셉에게 말한 것을 기록했다.

이처럼 성경은 성육신의 과정에서 놀라운 성령의 활동이 있었음을 분명히 말한다. 이것이 사도신경에서 우리가 고백하는 내용이다. "성령으로 잉태하사 동정녀 마리아에게 나시고." 그리스도의 인성은 성령에 의해 초자연적인 방법으로 만들어졌다.

그러면 이 사실이 갖는 의미는 무엇일까? 누가가 기록한 천사의 말을 다시 살펴보자. "성령이 네게 임하시고 지극히 높으신 이의 능력이 너를 덮으시리니 이러므로 나실 바 거룩한 이는 하나님의 아들이라 일컬어지리라." 이것은 성령의 능력에 의한 잉태와 그 결과가 무엇인지 말해 준다. 그 결과는 그리스도의 인성이 하나님의 아들의 인격과 결합된 것이다. 성령에 의해 초자연적으로 수태된 것은 단순한 아기가 아니다. 그것은 인성을 취하신 영원한 하나님의 아들이셨다. 이로부터 성육신의 의미가 분명히 드러난다. 성육신은 영원한 하나님의 아들이라는 한 인격 안에서 신성과 인성이 결합된 것을 의미한다. 이것이 우리가 말하는 한 위격(인격) 안의 두 본성 (신성과 인성) 교리다.

성경은 여러 곳에서 다양한 방식으로 성육신의 사실을 말한다. "말씀이 육신이 되어"(요 1:14). "그의 아들에 관하여 말하면 육신으로는 다윗의 혈통에서 나셨고"(롬 1:3). "자기 아들을 죄 있는 육신의 모양으로 보내어"(롬 8:3). "하나님이 그 아들을 보내사 여자에게서 나게 하시고"(갈 4:4). "그는 근본 하나님의 본체시나 하나님과 동등됨을 취할 것으로 여기지 아니하시고 오히려 자기를 비워 종의 형체를 가지사 사람들과 같이 되셨고"(빌 2:6-7). "그 안에는 신성의 모든 충만이 육체로 거하시고"(골 2:9). "그는 육신으로 나타난 바 되시고 영으로 의롭다 하심을 받으시고[하나님의 아들로서 입증되었다는 의미다]"(딤전 3:16). "자녀들은 혈과 육에 속하였으매 그도 또한 같은 모양으로 혈과 육을 함께 지니심은"(히 2:14, 여기 "그"는 히브리서 1장에서 말한 하나님의 아들을 말한다).

이렇게 성령에 의해 초자연적으로 형성된 그리스도의 인성은 죄와 무관하다. "우리에게 있는 대제사장은 우리의 연약함을 동정하지 못하실 이가 아니요 모든 일에 우리와 똑같이 시험을 받으신 이로되 죄는 없으시니라"(히 4:15). 모든 사람은 자연적 출생에 의해 아담의 죄책과 오염(타락한 도덕적 본성)을 물려받는다. 그러나 그리스도의 인성은 자연적 출생에 의한 것이 아니다. 그리스도는 육신의 아버지 없이 출생하셨다. 그분은 성령으로 잉태되고 동정녀의 몸에서 출생하셨다. 그러므로 그리스도에게는 아담에게서 내려오는 죄의 유전이 해당되지 않는다. 여기서 한 가지 의문이 생길 수 있다. 그것은 그리스도가 마리아에게서 죄성을 물려받지 않았느냐는 것이다. 그리스도의 인성은 성령에 의해 창조된 것이므로 처음부터 거룩하게 창조되었다고 보아야 한다.

이처럼 성육신은 동정녀 탄생이라는 과정을 통해 이루어졌다. 존 머리는 동정녀 탄생의 초자연성을 세 가지로 요약했다. 초자연적 수태(남성의 조상이 없이 성령의 능력으로 수태), 초자연적 인격(수태된 것은 인성을 취하신 영원한 하나님의 아들), 초자연적 보존(유전된 죄가 없는 그리스도의 인성) 등이다.[17] 이러한 초자연적 사건으로서 성육신을 가능하게 하신 분이 바로 성령이시다.

성육신의 목적 ☙

성령께서 이렇게 하신 목적은 우리의 구원을 위해서다. 여기서 우리는 그리스도의 위격에 대해 정리한 칼케돈 신경(451년)을 살펴볼 필요가 있다. 그 전문의 내용이다.

따라서 우리는 거룩한 교부들을 따라 모두 만장일치로 사람들을 가르쳐 한 분이시며 동일하신 아들, 우리 주 예수 그리스도, 신성에서 동일하게 완전하시며 또한 인성에서 완전하신 분을 고백하게 한다. 그는 참 하나님과 이성적인 영혼과 몸으로 된(아폴로나리우스의 주장에 반대하여) 참 사람이시며, 신성으로는 아버지와 동질이시고 인성으로는 우리와 동질이시며(가현론자들의 주장에 반대하여), 모든

---

17 John Murray, *Collected Writings of John Murray, vol. 2*, 『조직신학 II』, 박문재 역(고양: 크리스챤다이제스트, 1991), pp.144-146.

면에서 우리와 같으시나 죄는 없으시다. 그는 신성으로는 영원 전에 아버지에게서 나셨으며 인성으로는 나중에 우리를 위하여 우리의 구원을 위하여 하나님의 어머니인 동정녀 마리아에게서 태어나셨다. 그는 한 분이시며 동일하신 그리스도, 아들, 주님, 독생자이시고 혼합 없이, 변화 없이, 구별 없이, 분리 없이 두 본성으로 인정된다. 본성의 구분은 연합을 통해 결코 제거되지 않고 오히려 각 본성의 특성은 보존되고(단성론 또는 유티키아니즘에 반대하여) 한 인격과 한 존재로 합류하였으니, 두 인격으로 갈라지거나 나누어진 게 아니라(네스토리안의 주장에 반대하여) 한 분이시며 동일하신 아들이시고, 독생하시고, 말씀이신 하나님이시며, 주 예수 그리스도시다. 이것은 선지자들이 처음부터 그에 관해 밝혔고, 주 예수 그리스도 자신이 우리에게 가르치셨으며, 거룩한 교부들의 신경이 우리에게 전해 준 것이다.

이 칼케돈 신경은 성육신의 목적을 분명히 밝힌다. "그는 신성으로는 영원 전에 아버지에게서 나셨으며 인성으로는 나중에 우리를 위하여 우리의 구원을 위하여 하나님의 어머니인 동정녀 마리아에게서 태어나셨다." 성육신은 타락한 인간을 구원하기 위해 필요했다. 우리는 이 사실을 성경에서 확인할 수 있다. "율법이 육신으로 말미암아 연약하여 할 수 없는 그것을 하나님은 하시나니 곧 죄로 말미암아 자기 아들을 죄 있는 육신의 모양으로 보내어 육신에 죄를 정하사 육신을 따르지 않고 그 영을 따라 행하는 우리에게 율법의 요구가 이루어지게 하려 하심이니라"(롬 8:3-4). "우리 주 예수 그리스도의 은혜를 너희가 알거니와 부요하신 이로서 너희를 위하여 가난하게 되심은 그의 가난함으로 말미암아 너희를 부요하게 하려 하심이라"(고후 8:9). "때가 차매 하나님이 그 아들을 보내사 여자에게서 나게 하시고 율법 아래에 나게 하신 것은 율법 아래에 있는 자들을 속량하시고 우리로 아들의 명분을 얻게 하려 하심이라"(갈 4:4-5). "자녀들은 혈과 육에 속하였으매 그도 또한 같은 모양으로 혈과 육을 함께 지니심은 죽음을 통하여 죽음의 세력을 잡은 자 곧 마귀를 멸하시며 또 죽기를 무서워하므로 한평생 매여 종 노릇 하는 모든 자들을 놓아 주려 하심이니 이는 확실히 천사들을 붙들어 주려 하심이 아니요 오직 아브라함의 자손을 붙들어 주려 하심이라 그러므로 그가 범사에 형제들과 같이 되심이 마땅하도다 이는 하나님의 일에 자비하고 신실한 대제사장이 되어 백성의 죄를 속량하려 하심이라 그가 시험을 받아 고난을 당하셨은즉 시험 받는 자들을 능히 도우실 수 있느니라"(히 2:14-18).

이처럼 성육신은 우리의 구원을 위한 것이다. 마태의 기록은 이 사실을 분명히 보여준다. 그에 따르면, 주의 사자가 요셉에게 마리아에게 잉태된 자는 성령으로 된 것임을 알려주면서 말했다. "아들을 낳으리니 이름을 예수라 하라 이는 그가 자기 백성을 그들의 죄에서 구원할 자이심이라 하니라 이 모든 일이 된 것은 주께서 선지자로 하신 말씀을 이루려 하심이니 이르시되 보라 처녀가 잉태하여 아들을 낳을 것이요 그의 이름은 임마누엘이라 하리라 하셨으니 이를 번역한즉 하나님이 우리와 함께 계시다 함이라"(마 1:21-23). 여기 두 이름이 언급된다. "예수"는 '여호와께서 구원하시다'라는 뜻의 이름이다. "임마누엘"은 '하나님이 우리와 함께 계시다'라는 뜻으로 성육신과 관련된 이름이다. 이 두 이름은 이렇게 연결된다. 예수께서 자기 백성을 그들의 죄에서 구원할 수 있는 것은 그분이 임마누엘, 즉 인성을 취하신 하나님의 아들이기 때문이다.

성육신은 우리의 구원을 위한 것이다. 그런데 성경은 이 성육신에서 나타난 성령의 사역을 말한다. 물론 성부 하나님께서 자기 아들을 세상에 보내시기로 계획하셨다. 그리고 이 아들을 위해 한 몸을 예비하셨다. "그러므로 주께서 세상에 임하실 때에 이르시되 하나님이 제사와 예물을 원하지 아니하시고 오직 나를 위하여 한 몸을 예비하셨도다"(히 10:5). 성자 하나님은 이 아버지의 계획에 복종하셨다. 그래서 성령께서 그리스도의 몸을 창조하셨을 때 성자께서는 그 몸을 취하심으로써 자신과 인격적인 결합을 이루셨다. 그리스도는 성령으로 잉태되어 동정녀의 몸에서 나신 것이다. 그리스도의 몸이 동정녀의 몸에서 만들어진 것은 성령께서 행하신 무한한 능력의 창조 행위였다.

이처럼 성육신을 가능케 한 성령의 사역은 우리의 구원을 위한 것이다. 몇 가지 점에서 그렇다. 첫째, 죄 없는 인성을 취하신 하나님의 아들은 우리를 위해 속죄할 수 있게 되었다. 만일 자신의 죄로 인해 자신이 받아야 할 형벌이 있었다면, 남을 위해 속죄할 수 없을 것이다. "나의 의로운 종이 자기 지식으로 많은 사람을 의롭게 하며 또 그들의 죄악을 친히 담당하리로다"(사 53:11). "하나님이 죄를 알지도 못하신 이를 우리를 대신하여 죄로 삼으신 것은 우리로 하여금 그 안에서 하나님의 의가 되게 하려 하심이라"(고후 5:21). "그리스도께서도 단번에 죄를 위하여 죽으사 의인으로서 불의한 자를 대신하셨으니 이는 우리를 하나님 앞으로 인도하려 하심이라"(벧전 3:18). "만일 누가 죄를 범하여도 아버지 앞에서 우리에게 대언자가 있으니 곧 의로우신 예수 그리스도시라 그는 우리 죄를 위한 화목제물이니 우리만 위할 뿐 아니요 온 세상의 죄를 위하심이라"(요일 2:1-2). "그가 우리 죄를 없애려고 나타나신 것을 너희가 아나니 그에게는 죄가 없느니라"(요일 3:5).

예수 그리스도 한 분이 많은 사람의 죄 값을 지불할 수 있는 이유는 그분이 한 인간이 아니라 인성을 취하신 하나님의 아들이기 때문이다. 그분의 희생은 무한한 가치를 갖는다. 또 예수 그리스도 한 분이 많은 사람을 대신하여 하나님의 진노를 감당할 수 있는 것도 그분이 인성을 취하신 하나님의 아들이기에 가능했을 것이다.

둘째, 죄 없는 인성을 취하신 하나님의 아들은 우리의 대표로서 하나님께 순종할 수 있게 되었다. 이것은 우리의 구원을 위해 필요하다. "그런즉 한 범죄로 많은 사람이 정죄에 이른 것 같이 한 의로운 행위로 말미암아 많은 사람이 의롭다 하심을 받아 생명에 이르렀느니라 한 사람이 순종하지 아니함으로 많은 사람이 죄인 된 것 같이 한 사람이 순종하심으로 많은 사람이 의인이 되리라"(롬 5:18-19). 최초의 아담은 완전했으나 하나님께 순종하는 데 실패했다. 따라서 그리스도께서 하나님께 완전한 순종을 드리기 위해서는 인성을 취하신 하나님의 아들이어야 했다.

셋째, 죄 없는 인성을 취하신 하나님의 아들은 우리의 중보자가 될 수 있다. "하나님은 한 분이시요 또 하나님과 사람 사이에 중보자도 한 분이시니 곧 사람이신 그리스도 예수라"(딤전 2:5).

넷째, 죄 없는 인성을 취하신 하나님의 아들은 우리의 연약함을 동정할 수 있게 되었다. "우리에게 있는 대제사장은 우리의 연약함을 동정하지 못하실 이가 아니요 모든 일에 우리와 똑같이 시험을 받으신 이로되 죄는 없으시니라 그러므로 우리는 긍휼하심을 받고 때를 따라 돕는 은혜를 얻기 위하여 은혜의 보좌 앞에 담대히 나아 갈 것이니라"(히 4:15-16).

다섯째, 죄 없는 인성을 취하신 하나님의 아들은 우리의 모범이 될 수 있다. "이를 위하여 너희가 부르심을 받았으니 그리스도도 너 희를 위하여 고난을 받으사 너희에게 본을 끼쳐 그 자취를 따라오 게 하려 하셨느니라"(벧전 2:21).

CHAPTER
06
예수의 공생애와 성령

———

예수 그리스도와 관련된 성령의 사역은 제일 먼저 성육신에서 나타난다. 그리고 이어서 그분의 세례, 시험, 사역에서 나타난다. 이 사실은 특히 누가의 기록에서 잘 드러난다.

세례 ❧

"백성이 다 세례를 받을새 예수도 세례를 받으시고 기도하실 때에 하늘이 열리며 성령이 비둘기 같은 형체로 그의 위에 강림하시더니 하늘로부터 소리가 나기를 너는 내 사랑하는 아들이라 내가 너를 기뻐하노라 하시니라" _ 눅 3:21-22

예수님의 세례에 대한 누가의 기록에서 주목할 점은 이것이다. 예수님은 요한에게 세례를 받으셨지만, 요한의 이름은 언급되지 않았다. 그 대신 예수님이 드린 기도와 그 결과를 언급했다. 누가는 예수님의 세례를 기록할 때 요한이라는 인간적 요소는 배제하고 신적 요소를 부각시킨 것이다. 그에 따르면, 예수님의 세례는 전적으로 하나님께서 하신 일이다.

이때 "하늘이 열리며"라는 말은 계시가 주어진 것을 나타낸다. 그런 다음, 누가는 "성령이 비둘기 같은 형체로 그의 위에 강림하시더니"라고 말한다. 그는 마태나 마가와 달리 "형체로"라는 말을 덧붙였다. 이것은 성령이 볼 수 있게 임했음을 나타낸다. 실제로 마태나 마가는 이렇게 기록했다. "예수께서 세례를 받으시고 곧 물에서 올라오실새 하늘이 열리고 하나님의 성령이 비둘기 같이 내려 자기 위에 임하심을 보시더니"(마 3:16). "곧 물에서 올라오실새 하늘이 갈라짐과 성령이 비둘기 같이 자기에게 내려오심을 보시더니"(막 1:10). 이처럼 성령은 볼 수 있게 임했고 계시가 주어진 것이다.

그러면 무엇에 대한 계시일까? 바로 예수님에 대한 계시다. 여기서 "비둘기 같은"이라는 말은 성령이 강림하시는 방식을 비유적으로 표현한 것이다. 그 방식은 마치 공중을 은혜롭게 떠도는 비둘기와 같은 식이었다는 것이다.

그렇지만 이러한 성령 강림이 무엇을 의미하는지는 이어지는 말씀을 통해 드러난다. "하늘로부터 소리가 나기를 너는 내 사랑하는 아들이라 내가 너를 기뻐하노라 하시니라." 여기 보면 "하늘이 열리며" 성령이 예수님 위에 내려오신 것과 같이, 소리 또한 "하늘로부터" 났다고 기록한다. 이것은 성령이 내려오신 것과 소리가 난 것이 별개의 사건이 아님을 보여준다. 그래서 성령 강림의 의미는 뒤따르는 하나님의 말씀에 의해서 드러난다. "너는 내 사랑하는 아들이라 내가 너를 기뻐하노라." 이것은 성부 하나님께서 성자 예수님에게 하신 말씀이다. 그런데 이 말씀은 구약성경에 바탕을 둔 것이다.

우선, "내 아들"이라는 표현은 시편 2편 7절의 "여호와께서 내게 이르시되 너는 내 아들이라"는 말씀과 연결된다. 여기에 추가된 "사랑하는"이라는 표현은 이사야 41장 8절의 "그러나 나의 종 너 이스라엘아 내가 택한 야곱아 나의 벗 아브라함의 자손아"라는 말씀과 관련이 있을 것으로 생각된다. "택한"이라는 말에 친밀한 관계가 내포되어 있기 때문이다. 그다음, "내가 너를 기뻐하노라"는 표현은 이사야 42장 1절의 "내가 붙드는 나의 종, 내 마음에 기뻐하는 자 곧 내가 택한 사람을 보라"는 말씀과 연결된다. 그런데 시편 2편 7절에서 말한 "내 아들"은 하나님이 세우신 왕 곧 메시아(그리스도)를 가리킨다. 이 사실은 성경 여러 곳에서 확인된다.

"또 주의 종 우리 조상 다윗의 입을 통하여 성령으로 말씀하시기를 어찌하여 열방이 분노하며 족속들이 허사를 경영하였는고 세상의 군왕들이 나서며 관리들이 함께 모여 주와 그의 그리스도를 대적하도다 하신 이로소이다 과연 헤롯과 본디오 빌라도는 이방인과 이스라엘 백성과 합세하여 하나님께서 기름 부으신 거룩한 종 예수를 거슬러"(행 4:25-27). 여기 보면, 사도들은 시편 2편 1-2절 말씀을 예수 그리스도에 대한 것으로 이해했다.

"우리도 조상들에게 주신 약속을 너희에게 전파하노니 곧 하나님이 예수를 일으키사 우리 자녀들에게 이 약속을 이루게 하셨다 함이라 시편 둘째 편에 기록한 바와 같이 너는 내 아들이라 오늘 너를 낳았다 하셨고"(행 13:32-33). "그가 천사보다 훨씬 뛰어남은 그들보다 더욱 아름다운 이름을 기업으로 얻으심이니 하나님께서 어느 때에 천사 중 누구에게 너는 내 아들이라 오늘 내가 너를 낳았다 하셨으며"(히 1:4-5). 이 두 곳에서는 시편 2편 7절을 예수 그리스도에 대한 것으로 인용했다.

"이기는 자와 끝까지 내 일을 지키는 그에게 만국을 다스리는 권세를 주리니 그가 철장을 가지고 그들을 다스려 질그릇 깨뜨리는 것과 같이 하리라 나도 내 아버지께 받은 것이 그러하니라"(계 2:26-27). 예수 그리스도는 두아디라교회에게 주는 말씀에서 시편 2편

8-9절을 자신에게 적용하셨다.

또 이사야 42장 1절에서 말한 "내 마음에 기뻐하는 자 곧 내가 택한 사람"은 여호와의 종 곧 메시아(그리스도)를 가리킨다. 거기서 그는 성령을 받아 여호와의 뜻을 행하는 자로 묘사된다. 이 사실은 마태복음 12장 15-21절에서 확인된다. "예수께서 아시고 거기를 떠나가시니 많은 사람이 따르는지라 예수께서 그들의 병을 다 고치시고 자기를 나타내지 말라 경고하셨으니 이는 선지자 이사야를 통하여 말씀하신 바 보라 내가 택한 종 곧 내 마음에 기뻐하는 바 내가 사랑하는 자로다 내가 내 영을 그에게 줄 터이니 그가 심판을 이방에 알게 하리라 그는 다투지도 아니하며 들레지도 아니하리니 아무도 길에서 그 소리를 듣지 못하리라 상한 갈대를 꺾지 아니하며 꺼져가는 심지를 끄지 아니하기를 심판하여 이길 때까지 하리니 또한 이방들이 그의 이름을 바라리라 함을 이루려 하심이니라."

그렇다면 성령이 예수님께 임했을 때 하늘로서 난 소리는 예수님이 누구인지 보여준다. 예수님은 하나님의 아들로서 하나님이 세우신 왕 또는 여호와의 종으로 묘사된 메시아(그리스도)다. 예수님이 세례를 받으시고 성령의 기름부음을 받으셨을 때 이 사실이 드러났다. 예수님은 성부 하나님에 의해 메시아(그리스도)로서 승인받으신 것이다.

이분이 우리의 구원을 이루실 것이다. 이 사실은 일찍이 시므온의 입을 통해 알려졌다. "그가 주의 그리스도를 보기 전에는 죽지 아니하리라 하는 성령의 지시를 받았더니 성령의 감동으로 성전에 들어가매 마침 부모가 율법의 관례대로 행하고자 하여 그 아기 예수를 데리고 오는지라 시므온이 아기를 안고 하나님을 찬송하여 이르되 주재여 이제는 말씀하신 대로 종을 평안히 놓아 주시는도다 내 눈이 주의 구원을 보았사오니 이는 만민 앞에 예비하신 것이요 이방을 비추는 빛이요 주의 백성 이스라엘의 영광이니이다 하니" (눅 2:26-32).

시험 ❦

"예수께서 성령의 충만함을 입어 요단 강에서 돌아오사 광야에서 사십 일 동안 성령에게 이끌리시며 마귀에게 시험을 받으시더라 이 모든 날에 아무 것도 잡수시지 아니하시니 날 수가 다하매 주리신지라" _ 눅 4:1-2

예수님이 시험을 받으신 것은 예수님이 성령을 받으신 것과 연결되어 있다. 마태나 마가는 예수님이 성령을 받으신 것을 말한 다음 이어서 이렇게 기록했다. "그 때에 예수께서 성령에게 이끌리어 마귀에게 시험을 받으러 광야로 가사"(마 4:1). "성령이 곧[그리고 곧 성령이] 예수를 광야로 몰아내신지라 광야에서 사십 일을 계시면서 사탄에게 시험을 받으시며"(막 1:12-13). 누가는 예수님이 성령 받으신 것을 말한 다음 이어서 예수님의 족보를 기록한다. 그래서 그는 예수님이 시험 받으신 것을 말할 때 이런 설명이 필요했다. "예수께서 성령의 충만함을 입어 요단 강에서 돌아오사." 따라서 예수님의 시험을 주도하신 분은 세례 시 예수님께 임한 성령이시다. "예수께서 성령의 충만함을 입어 요단 강에서 돌아오사 광야에서 사십 일 동안 성령에게 이끌리시며 마귀에게 시험을 받으시더라."

이것은 중요한 사실을 말해 준다. 예수님은 마귀에게 시험을 받으셨지만, 그것은 '성령의 이끌리심'에 의한 것이었다. 예수님은 자신의 잘못된 충동에 이끌려 시험을 받으신 것이 아니다. 우리는 다 그렇게 시험을 받는다. "오직 각 사람이 시험을 받는 것은 자기 욕심에 끌려 미혹됨이니"(약 1:14). 그러나 예수님은 그렇게 시험을 받으신 것이 아니다. 예수님은 성령에게 이끌리시는 가운데 시험을 받으신 것이다.

이와 함께 예수님이 "사십 일 동안" 시험을 받으신 것도 주목할 필요가 있다. 성경에는 "사십"이라는 숫자가 여러 번 나타난다. 노아

홍수 때 하나님이 비를 내리신 기간이 사십 일이다(창 7:4, 12). 하나님께서 이스라엘을 광야에서 유리하도록 하신 기간이 사십 년이다(민 14:33; 32:13; 신 8:2). 하나님께서 에스겔에게 유다 족속의 죄를 담당하게 하신 기간이 사십 일이다(겔 4:6). 모세가 여호와의 말씀에 따라 첫 번째 율법과 계명을 기록한 돌판을 받기 위해 산에 올라가 머문 기간이 사십 일이다(출 24:18; 34:28; 신 9:9). 엘리야가 하나님의 산 호렙에 이르기 위해 행한 기간이 사십 일이다(왕상 19:8). 예수님이 부활하신 후 이 땅에 머무신 기간도 사십 일이다(행 1:3). 이처럼 성경에서 "사십"이라는 숫자는 하나님의 의도나 계획과 관련된 것이다. 따라서 예수님이 사십 일 동안 시험을 받으신 것 역시 하나님의 의도나 계획과 관련이 있다.

이것은 예수님이 받으신 시험의 성격을 보여준다. 예수님은 메시아(그리스도)로서 마귀에게 시험을 받으신 것이다. 이 시험은 우리의 구원을 위한 그리스도의 고난(수동적 순종)의 일부였다. 웨인 그루뎀은 이 시험에 대해 이렇게 말했다. "이 시험의 본질은 예수를 설득하여 메시아로서 그에게 정해진 순종과 고난의 힘든 길을 회피하게 하려는 시도였다."[18] 히브리서는 그리스도의 시험에 대해 이

---

18 Wayne Grudem, *Systematic Theology* (Grand Rapids: Zondervan, 1994), 536.

렇게 말한다. "그가 시험을 받아 고난을 당하셨은즉 시험 받는 자들을 능히 도우실 수 있느니라"(히 2:18). 그런데 이 고난은 우리의 구원을 위한 것이다. "그러므로 만물이 그를 위하고 또한 그로 말미암은 이가 많은 아들들을 이끌어 영광에 들어가게 하시는 일에 그들의 구원의 창시자를 고난을 통하여 온전하게 하심이 합당하도다"(히 2:10). "그가 아들이시면서도 받으신 고난으로 순종함을 배워서 온전하게 되셨은즉 자기에게 순종하는 모든 자에게 영원한 구원의 근원이 되시고"(히 5:8-9).

사역 ～

> "예수께서 성령의 능력으로 갈릴리에 돌아가시니 그 소문이 사방에 퍼졌고 친히 그 여러 회당에서 가르치시매 뭇 사람에게 칭송을 받으시더라" _ 눅 4:14-15

누가는 예수님이 사역 시작하신 것을 이렇게 말한다. "예수께서 성령의 능력으로 갈릴리에 돌아가시니 … 친히 그 여러 회당에서 가르치시매"(눅 4:14-15). 여기서 예수님이 사역을 시작하신 것은 예수님이 성령을 받으신 것과 연결된다. 예수님은 전에 요한에게 세례를 받기 위해 갈릴리 나사렛에서부터 요단강에 이르렀다(마 3:13; 막 1:9). 따라서 요한의 세례 시 성령을 받으신 예수님은 마귀에게 시험을 받으신 후 갈릴리로 돌아가신 것이다. 여기서 주목할 것은 "성령의 능력으로"라는 말이다. 예수님은 성령이 임함으로써 메시아(그리스도)임이 드러났고, 그 임무를 위해 필요한 능력을 받으신 것이다.

예수님은 바로 이 성령의 능력으로 사역을 시작하셨다. 그래서 누가는 예수님이 갈릴리에 돌아가셨을 때 "그 소문이 사방에 퍼졌고"라고 말했다. 또 누가는 예수님이 가르치셨을 때 사람들이 보인 반응을 이렇게 말했다. "친히 그 여러 회당에서 가르치시매 뭇 사람에게 칭송을 받으시더라." 여기 '칭송을 받으셨다'는 말은 하나님께 '영광을 돌린다'고 할 때 사용된다(눅 2:20 참조). 그러니까 예수님이 가르치셨을 때 사람들이 보인 반응은 아주 특별했다. 사람들이 이런 반응을 보인 이유는 성령의 능력이 예수님과 함께했기 때문이다.

여기서 누가는 예수님이 나사렛 회당에서 가르치신 일을 소개한다. 그곳에서 예수님은 이사야 61장 1-2절에 있는 말씀을 찾아 읽으셨다. "주의 성령이 내게 임하셨으니 이는 가난한 자에게 복음을 전하게 하시려고 내게 기름을 부으시고 나를 보내사 포로 된 자에게 자유를, 눈 먼 자에게 다시 보게 함을 전파하며 눌린 자를 자유롭게 하고 주의 은혜의 해를 전파하게 하려 하심이라"(눅 4:18-19).
그런 다음 예수님은 회당에 있는 자들에게 말씀하셨다. "이 글이 오
늘 너희 귀에 응하였느니라"(눅 4:21). 여기서 누가는 사람들이 보인
반응을 이렇게 기록한다. "그들이 다 그를 증언하고 그 입으로 나오
는 바 은혜로운 말을 놀랍게 여겨 이르되 이 사람이 요셉의 아들이
아니냐"(눅 4:22). 사람들이 이런 반응을 보인 이유는 예수님이 성령
의 능력으로 가르치셨기 때문이다. 요한복음 3장 34절은 예수님에
대해 이렇게 말한다. "하나님이 보내신 이는 하나님의 말씀을 하나
니 이는 하나님이 성령을 한량 없이 주심이니라."

따라서 예수님의 사역을 이해하는 열쇠는 바로 이 성령의 능력
이다. 예수님의 가르침과 기적은 모두 이 성령의 능력으로 행해진
것이다. "다 놀라 서로 말하여 이르되 이 어떠한 말씀인고 권위와
능력으로 더러운 귀신을 명하매 나가는도다 하더라"(눅 4:36). "하루
는 가르치실 때에 갈릴리의 각 마을과 유대와 예루살렘에서 온 바
리새인과 율법교사들이 앉았는데 병을 고치는 주의 능력이 예수
와 함께 하더라"(눅 5:17). "온 무리가 예수를 만지려고 힘쓰니 이는
능력이 예수께로부터 나와서 모든 사람을 낫게 함이러라"(눅 6:19).
"예수께서 이르시되 내게 손을 댄 자가 있도다 이는 내게서 능력이
나간 줄 앎이로다 하신대"(눅 8:46). "예수께서 열두 제자를 불러 모

으사 모든 귀신을 제어하며 병을 고치는 능력과 권위를 주시고"(눅 9:1). "화 있을진저 고라신아, 화 있을진저 벳새다야, 너희에게 행한 모든 권능을 두로와 시돈에서 행하였더라면 그들이 벌써 베옷을 입고 재에 앉아 회개하였으리라"(눅 10:13). "그러나 내가 만일 하나님의 손을 힘입어 귀신을 쫓아낸다면 하나님의 나라가 이미 너희에게 임하였느니라"(눅 11:20). (마 12:28 "그러나 내가 하나님의 성령을 힘입어 귀신을 쫓아내는 것이면 하나님의 나라가 이미 너희에게 임하였느니라") "이미 감람 산 내리막길에 가까이 오시매 제자의 온 무리가 자기들이 본 바 모든 능한 일로 인하여 기뻐하며 큰 소리로 하나님을 찬양하여"(눅 19:37).

그래서 예수님의 사역을 지켜본 베드로는 고넬료의 집에서 설교할 때 이렇게 말한다. "만유의 주 되신 예수 그리스도로 말미암아 화평의 복음을 전하사 이스라엘 자손들에게 보내신 말씀 곧 요한이 그 세례를 반포한 후에 갈릴리에서 시작하여 온 유대에 두루 전파된 그것을 너희도 알거니와 하나님이 나사렛 예수에게 성령과 능력을 기름 붓듯 하셨으매 그가 두루 다니시며 선한 일을 행하시고 마귀에게 눌린 모든 사람을 고치셨으니 이는 하나님이 함께 하셨음이라"(행 10:36-38). 여기서 주목할 것은 "복음을 전하사"라는 말과 "기름 붓듯 하셨으매"라는 말이다. 이 말은 예수님이 나사렛 회당에서 읽으신 이사야 61장 1-2절에도 나타난다.

누가는 예수님이 나사렛 회당에서 읽으신 이사야 61장 1-2절을 통해 예수님의 사역이 무엇인지 밝힌다. 그것은 '복음을 전하는' 것이다. 그것은 '포로 된 자에게 자유를, 눈 먼 자에게 다시 보게 함을 전파하며 눌린 자를 자유롭게 하고 주의 은혜의 해를 전파하는' 것이다. 그것은 메시아의 구원 사역을 말한다. 누가는, 다른 복음서 저자들과 달리 '복음을 전하다'(유앙겔리조)라는 말을 계속 사용한다. "예수께서 이르시되 내가 다른 동네들에서도 하나님의 나라 복음을 전하여야 하리니 나는 이 일을 위해 보내심을 받았노라 하시고"(눅 4:43). "예수께서 대답하여 이르시되 너희가 가서 보고 들은 것을 요한에게 알리되 맹인이 보며 못 걷는 사람이 걸으며 나병환자가 깨끗함을 받으며 귀먹은 사람이 들으며 죽은 자가 살아나며 가난한 자에게 복음이 전파된다 하라"(눅 7:22). "그 후에 예수께서 각 성과 마을에 두루 다니시며 하나님의 나라를 선포하시며 그 복음을 전하실새 열두 제자가 함께 하였고"(눅 8:1). "제자들이 나가 각 마을에 두루 다니며 곳곳에 복음을 전하며 병을 고치더라"(눅 9:6). "율법과 선지자는 요한의 때까지요 그 후부터는 하나님 나라의 복음이 전파되어 사람마다 그리로 침입하느니라"(눅 16:16). "하루는 예수께서 성전에서 백성을 가르치시며 복음을 전하실새"(눅 20:1상). 이것은 예수님이 이사야 61장 1-2절을 읽음으로써 밝히신 메시아의 구원 사역이 어떻게 전개되었는지 보여준다. 예수님은 이 구원 사역을 성령의 능력으로 이루셨다.

CHAPTER
07
예수의 죽음, 부활, 승천과 성령

———

마이클 호튼은 『성령의 재발견』이라는 책에서 이렇게 말한다.

성령은 구속을 적용하시는 분일 뿐만 아니라 구속의 주된 시행
자이시다. 성령은 우리의 구속자에게 인성을 입히셨고, 그분의 사
역 가운데 그분을 이끌고 세우셨으며, 종말론적 첫 열매로서 그분
을 죽은 자 가운데서 일으키셨다.[19]

많은 사람이 성령은 '구속을 적용하시는 분'이라고만 알고 있다.
그것은 우리와 관련된 성령의 활동을 두고 말한 것이다. 그렇지만

———

19 마이클 호튼, 『성령의 재발견』, pp.165-166.

호튼에 따르면 성령이 "구속의 주된 시행자"도 되신다. 즉, 성령은 "우리의 구속자에게 인성을 입히셨고(성육신), 그분의 사역 가운데 그분을 이끌고 세우셨으며(세례, 시험, 사역), 종말론적 첫 열매로서 그분을 죽은 자 가운데서 일으키셨다(죽음, 부활, 승천)"는 것이다. 성령이 "구속의 주된 시행자"도 되신다는 것은 우리의 구속자이신 그리스도와 관련된 성령의 활동을 두고 말한 것이다. 여기서는 성령의 활동 가운데 죽음, 부활, 승천과 관련된 내용을 살펴보려고 한다.

죽음 ❧

> "하물며 영원하신 성령으로 말미암아 흠 없는 자기를 하나님께 드린 그리스도의 피가 어찌 너희 양심을 죽은 행실에서 깨끗하게 하고 살아 계신 하나님을 섬기게 하지 못하겠느냐" _ 히 9:14

이 말씀은 그리스도의 피가 지닌 효력을 말한다. 그것은 "너희 양심을 죽은 행실에서 깨끗하게 하고 살아계신 하나님을 섬기게" 하는 것이다. 성경은 그리스도의 피가 지닌 이러한 효력을 여러 각도에서 말한다. "이것은 죄 사함을 얻게 하려고 많은 사람을 위하여 흘리는 바 나의 피 곧 언약의 피니라"(마 26:28). "이 예수를 하나님이 그의 피로써 믿음으로 말미암는 화목제물로 세우셨으니 이는 하나님께서 길이 참으시는 중에 전에 지은 죄를 간과하심으로 자기의 의로우심을 나타내려 하심이니"(롬 3:25). "그러면 이제 우리가 그의 피로 말미암아 의롭다 하심을 받았으니 더욱 그로 말미암아 진노하심에서 구원을 받을 것이니"(롬 5:9). "우리는 그리스도 안에서 그의 은혜의 풍성함을 따라 그의 피로 말미암아 속량 곧 죄 사함을 받았느니라"(엡 1:7). "이제는 전에 멀리 있던 너희가 그리스도 예수 안에서 그리스도의 피로 가까워졌느니라"(엡 2:13). "그의 십자가의 피로 화평을 이루사 만물 곧 땅에 있는 것들이나 하늘에 있는 것들이 그로 말미암아 자기와 화목하게 되기를 기뻐하심이라"(골 1:20). "염소와 송아지의 피로 하지 아니하고 오직 자기의 피로 영원한 속죄를 이루사 단번에 성소에 들어가셨느니라"(히 9:12). "그러므로 형제들아 우리가 예수의 피를 힘입어 성소에 들어갈 담력을 얻었나니"(히 10:19). "그러므로 예수도 자기 피로써 백성을 거룩하게 하려고 성문 밖에서 고난을 받으셨느니라"(히 13:12). "너희가 알거니와 너희 조상이 물려 준 헛된 행실에서 대속함을 받은 것은 은이나 금 같이 없어질 것으로 된 것이 아니요 오직 흠 없고 점 없는 어린 양 같은 그리스도의 보배로운 피로 된 것이니라"(벧전 1:18-19). "그가 빛 가운데 계신 것 같이 우리도 빛 가운데 행하면 우리가 서로 사귐이 있고 그 아들 예수의 피가 우리를 모든 죄에서 깨끗하게 하실 것이요"(요일 1:7). "또 충성된 증인으로 죽은 자들 가운데에서 먼저 나시고 땅의 임금들의 머리가 되신 예수 그리스도로 말미암아 은혜와 평강이 너희에게 있기를 원하노라 우리를 사랑하사 그의 피로 우리 죄에서 우리를 해방하시고"(계 1:5).

그러면 그리스도의 피가 이러한 효력을 가질 수 있는 이유는 무엇일까? 그 피가 "영원하신 성령으로 말미암아 흠 없는 자기를 하나님께 드린 그리스도의 피"이기 때문이다. 그리스도의 피가 가리키는 죽음은 단순한 고난이 아니다. 그리스도의 죽음은 고난인 동시에 하나님께 속한 제사다. 그리스도는 십자가에서 죄인들을 위한 희생제물로 자신을 하나님께 드리신 것이다. 여기 사용된 용어들이 그 사실을 보여준다.

우선, "드린"이라는 말은 히브리서에서 하나님께 속한 제사에 자주 사용된다. 예를 들어 보자. "오직 둘째 장막은 대제사장이 홀로 일 년에 한 번 들어가되 자기와 백성의 허물을 위하여 드리는 피 없이는 아니하나니"(히 9:7). 이 말이 그리스도에게 마찬가지로 사용된다. "오직 그리스도는 죄를 위하여 한 영원한 제사를 드리시고 하나님 우편에 앉으사"(히 10:12).

또 "흠 없는"이라는 말은 구약시대 희생제물로 드린 짐승에 사용되었다. "그는 여호와께 헌물을 드리되 번제물로 일 년 된 흠 없는 숫양 한 마리와 속죄제물로 일 년 된 흠 없는 어린 암양 한 마리와 화목제물로 흠 없는 숫양 한 마리와"(민 6:14). 이 말도 역시 그리스도에게 사용된다. "오직 흠 없고 점 없는 어린 양 같은 그리스도의 보배로운 피로 된 것이니라"(벧전 1:19).

이처럼 그리스도는 흠 없는 자기를 죄인들을 위한 희생제물로 하나님께 드리셨다. 그리스도는 죄인들을 사랑해서 그렇게 하셨고, 하나님은 그 제사를 기꺼이 받으셨다. "그리스도께서 너희를 사랑하신 것 같이 너희도 사랑 가운데서 행하라 그는 우리를 위하여 자신을 버리사 향기로운 제물과 희생제물로 하나님께 드리셨느니라"(엡 5:2). 또 그리스도는 하나님께 순종하여 흠 없는 자기를 하나님께 드리셨고, 하나님은 그 제사에 응답하셨다. "그는 육체에 계실 때에 자기를 죽음에서 능히 구원하실 이에게 심한 통곡과 눈물로 간구와 소원을 올렸고 그의 경건하심으로 말미암아 들으심을 얻었느니라 그가 아들이시면서도 받으신 고난으로 순종함을 배워서"(히 5:7-8). 여기 "올렸고"는 제사에 사용된 '드리다'라는 말과 같다.

그러면 어떻게 그리스도는 이런 제사를 하나님께 드릴 수 있었을까? 그것은 "영원하신 성령으로 말미암아" 가능했다. 그래서 그리스도는 자기 피로 영원한 속죄를 이루셨다. "염소와 송아지의 피로

하지 아니하고 오직 자기의 피로 영원한 속죄를 이루사 단번에 성
소에 들어가셨느니라"(히 9:12). 이런 차원에서 그리스도는 "영원히
멜기세덱의 반차를 따르는 제사장"이 되셨다(히 5:6; 6:20; 7:17, 21,
24, 28).

　그리스도의 죽음에서 나타난 성령의 이러한 활동은 우리의 구원
을 위한 것이다. 왜냐하면 그리스도의 피의 효력이 우리의 구원을
가져오기 때문이다. 그래서 본문 다음에 이런 내용이 이어진다. "이
로 말미암아 그는 새 언약의 중보자시니 이는 첫 언약 때에 범한 죄
에서 속량하려고 죽으사 부르심을 입은 자로 하여금 영원한 기업의
약속을 얻게 하려 하심이라"(히 9:15).

부활과 승천 ❧

　"성결의 영으로는 죽은 자들 가운데서 부활하사 능력으로 하나
님의 아들로 선포되셨으니 곧 우리 주 예수 그리스도시니라" _ **롬
1:4**

　"크도다 경건의 비밀이여, 그렇지 않다 하는 이 없도다 그는 육
신으로 나타난 바 되시고 영으로 의롭다 하심을 받으시고 천사들에

게 보이시고 만국에서 전파되시고 세상에서 믿은 바 되시고 영광 가운데서 올려지셨느니라" _ **딤전 3:16**

"그리스도께서도 단번에 죄를 위하여 죽으사 의인으로서 불의한 자를 대신하셨으니 이는 우리를 하나님 앞으로 인도하려 하심이라 육체로는 죽임을 당하시고 영으로는 살리심을 받으셨으니" _ **벧전 3:18**

그리스도의 부활은 성부 하나님께서 하신 일이다. 이 사실을 보여주는 구절은 많다. 이 가운데 몇 구절을 예로 들어 보자. "하나님께서 그를 사망의 고통에서 풀어 살리셨으니 이는 그가 사망에 매여 있을 수 없었음이라 … 이 예수를 하나님이 살리신지라 우리가 다 이 일에 증인이로다"(행 2:24, 32). "또 우리가 하나님의 거짓 증인으로 발견되리니 우리가 하나님이 그리스도를 다시 살리셨다고 증언하였음이라 만일 죽은 자가 다시 살아나는 일이 없으면 하나님이 그리스도를 다시 살리지 아니하셨으리라"(고전 15:15). "예수 그리스도와 그를 죽은 자 가운데서 살리신 하나님 아버지"(갈 1:1).

또 그리스도의 부활은 그리스도 자신이 하신 일이다. 요한복음에는 여기에 대해 예수님이 하신 말씀이 있다. "예수께서 대답하여 이르시되 너희가 이 성전을 헐라 내가 사흘 동안에 일으키리라 유대인들이 이르되 이 성전은 사십육 년 동안에 지었거늘 네가 삼 일 동안에 일으키겠느냐 하더라 그러나 예수는 성전된 자기 육체를 가리켜 말씀하신 것이라 죽은 자 가운데서 살아나신 후에야 제자들이 이 말씀하신 것을 기억하고 성경과 예수께서 하신 말씀을 믿었더라"(요 2:19-22). "내가 내 목숨을 버리는 것은 그것을 내가 다시 얻기 위함이니 이로 말미암아 아버지께서 나를 사랑하시느니라 이를 내게서 빼앗는 자가 있는 것이 아니라 내가 스스로 버리노라 나는 버릴 권세도 있고 다시 얻을 권세도 있으니 이 계명은 내 아버지에게서 받았노라 하시니라"(요 10:17-18).

그렇지만 그리스도의 부활은 성령께서 하신 일이기도 하다. 먼저 사도 바울이 말한 것을 살펴보자. "그의 아들에 관하여 말하면 육신으로는 다윗의 혈통에서 나셨고 성결의 영으로는 죽은 자들 가운데서 부활하사 능력으로 하나님의 아들로 선포되셨으니 곧 우리 주 예수 그리스도시니라"(롬 1:3-4). 여기에 "육신으로는"과 "성결의 영으로는"의 대조가 나타난다. 이것은 인성과 신성의 대조가 아니라 육신과 성령의 대조다. 따라서 "성결의 영으로는 죽은 자들 가운데서 부활하사"라는 말은 그리스도의 부활이 성령에 의한 것임을 나타낸다.

이 사실은 같은 로마서 말씀을 통해서 확인된다. "예수를 죽은 자 가운데서 살리신 이의 영이 너희 안에 거하시면 그리스도 예수를 죽은 자 가운데서 살리신 이가 너희 안에 거하시는 그의 영으로 말미암아 너희 죽을 몸도 살리시리라"(롬 8:11). 이 말씀에 따르면, 그리스도의 부활과 그리스도인의 부활은 공통점이 있다. 둘 다 하나님께서 같은 성령으로 이루실 것이라는 점이다. 하나님은 그리스도를 죽은 자 가운데서 살리신 것과 동일한 영으로 그리스도인의 죽을 몸도 살리실 것이다. 여기서 그리스도의 부활은 성령에 의한 것임이 확인된다.

또 "그는 육신으로 나타난 바 되시고 영으로 의롭다 하심을 받으시고"(딤전 3:16)라는 말씀도 이 사실을 나타낸다. 여기 "영"이라는 말은 성령을 가리킨다. 같은 말이 바로 다음 구절 "그러나 성령이 밝히 말씀하시기를"(딤전 4:1)에서 "성령"을 의미하기 때문이다. 그리고 "의롭다 하심을 받으시고"라는 말은 그리스도의 부활을 가리킨다. 그리스도의 부활은 그의 칭의다. 왜냐하면 그리스도의 죽음은 죄의 형벌을 의미하기 때문이다. 따라서 그리스도의 부활은 죄의 형벌이 면제된 것, 즉 의롭다 하심을 입으신 것을 의미한다.

사도 베드로도 그리스도의 부활이 성령에 의한 것임을 말했다. "그리스도께서도 단번에 죄를 위하여 죽으사 의인으로서 불의한 자를 대신하셨으니 이는 우리를 하나님 앞으로 인도하려 하심이라 육체로는 죽임을 당하시고 영으로는 살리심을 받으셨으니"(벧전 3:18). 여기서도 "영"은 성령을 가리킨다. 이것은 "살리는 것은 영이니"(요 6:63)라고 하신 예수님의 말씀과 일치한다(고후 3:6 참조).

그런데 베드로나 바울이 그리스도의 부활을 말할 때 공통적으로 언급한 것이 있다. 그것은 그리스도의 몸이 시편 16편 10절과 같이 썩음을 당하지 않았다는 사실이다. "형제들아 내가 조상 다윗에 대하여 담대히 말할 수 있노니 다윗이 죽어 장사되어 그 묘가 오늘까지 우리 중에 있도다 그는 선지자라 하나님이 이미 맹세하사 그 자손 중에서 한 사람을 그 위에 앉게 하리라 하심을 알고 미리 본 고로 그리스도의 부활을 말하되 그가 음부에 버림이 되지 않고 그의 육신이 썩음을 당하지 아니하시리라 하더니 이 예수를 하나님이 살리신지라 우리가 다 이 일에 증인이로다"(행 2:29-32). "또 다른 시편에 일렀으되 주의 거룩한 자로 썩음을 당하지 않게 하시리라 하셨느니라 다윗은 당시에 하나님의 뜻을 따라 섬기다가 잠들어 그 조상들과 함께 묻혀 썩음을 당하였으되 하나님께서 살리신 이는 썩음을 당하지 아니하였나니"(행 13:35-37). 이렇게 그리스도의 몸이 썩음을 당하지 않도록 거룩하게 보존하신 분이 성령이시다. 일찍이 성령은 그리스도의 몸을 마리아에게 잉태되게 하시고 거룩하게 하셨다. 이 몸은 무덤에 있는 동안에도 성령의 특별한 보호 아래 있었고 썩지 않을 수 있었다.

이처럼 그리스도의 부활은 성령께서 하신 일이기도 하다. 이것은 성령께서 우리의 구원을 위해 하신 일이다. 그리스도의 부활이 우리의 구원을 보장하기 때문이다. 세 가지 점에서 그렇다. 첫째, 그리스도의 부활은 우리의 칭의를 보장한다. "예수는 우리가 범죄한 것 때문에 내줌이 되고 또한 우리를 의롭다 하시기 위하여 살아나셨느니라"(롬 4:25). 여기서 그리스도의 부활은 우리 죄를 위한 그리스도의 죽음을 인정하시는 하나님의 선언이다.

둘째, 그리스도의 부활은 우리의 새 생명을 보장한다. "그러므로 우리가 그의 죽으심과 합하여 세례를 받음으로 그와 함께 장사되었나니 이는 아버지의 영광으로 말미암아 그리스도를 죽은 자 가운데서 살리심과 같이 우리로 또한 새 생명 가운데서 행하게 하려 함이라"(롬 6:4). 이 새 생명은 우리가 그리스도의 부활을 통해 거듭날 때 얻게 되는 것이다. "우리 주 예수 그리스도의 아버지 하나님을 찬송하리로다 그의 많으신 긍휼대로 예수 그리스도를 죽은 자 가운데서 부활하게 하심으로 말미암아 우리를 거듭나게 하사 산 소망이 있게 하시며"(벧전 1:3).

셋째, 그리스도의 부활은 미래 우리 몸의 부활을 보장한다. "예수를 죽은 자 가운데서 살리신 이의 영이 너희 안에 거하시면 그리스도 예수를 죽은 자 가운데서 살리신 이가 너희 안에 거하시는 그의 영으로 말미암아 너희 죽을 몸도 살리시리라"(롬 8:11). "그러나 이제 그리스도께서 죽은 자 가운데서 다시 살아나사 잠자는 자들의 첫 열매가 되셨도다"(고전 15:20). "주 예수를 다시 살리신 이가 예수와 함께 우리도 다시 살리사 너희와 함께 그 앞에 서게 하실 줄을 아노라"(고후 4:14).

그리스도의 승천과 관련해 성령의 활동을 직접 말한 곳은 없다. 그렇지만 승천은 부활과 연결된 사건임을 기억할 필요가 있다. 따라서 그리스도의 부활이 성령의 활동에 의한 것이라면, 그리스도의 승천 또한 그렇다고 보아야 한다. 그리스도의 승천은 세 가지 점에서 우리의 구원과 관련이 있다.

첫째, 승천하신 그리스도는 우리의 대제사장이 되신다. "그러므로 자기를 힘입어 하나님께 나아가는 자들을 온전히 구원하실 수 있으니 이는 그가 항상 살아 계셔서 그들을 위하여 간구하심이라 이러한 대제사장은 우리에게 합당하니 거룩하고 악이 없고 더러움이 없고 죄인에게서 떠나 계시고 하늘보다 높이 되신 이라"(히 7:25-26). "그리스도께서는 참 것의 그림자인 손으로 만든 성소에 들어가지 아니하시고 바로 그 하늘에 들어가사 이제 우리를 위하여 하나님 앞에 나타나시고"(히 9:24).

둘째, 승천하신 그리스도는 우리를 그분의 우주적 권세에 참여하게 하신다. "그의 능력이 그리스도 안에서 역사하사 죽은 자들 가운데서 다시 살리시고 하늘에서 자기의 오른편에 앉히사 모든 통치와 권세와 능력과 주권과 이 세상뿐 아니라 오는 세상에 일컫는 모든 이름 위에 뛰어나게 하시고 … 또 함께 일으키사 그리스도 예수 안에서 함께 하늘에 앉히시니"(엡 1:20-21; 2:6).

셋째, 승천하신 그리스도는 우리에게 성령을 부어주신다. "하나님이 오른손으로 예수를 높이시매 그가 약속하신 성령을 아버지께 받아서 너희가 보고 듣는 이것을 부어 주셨느니라"(행 2:33).

CHAPTER
08

거듭남과 성령

——

"그런데 바리새인 중에 니고데모라 하는 사람이 있으니 유대인
의 지도자라 그가 밤에 예수께 와서 이르되 랍비여 우리가 당신은
하나님께로부터 오신 선생인 줄 아나이다 하나님이 함께 하시지 아
니하시면 당신이 행하시는 이 표적을 아무도 할 수 없음이니이다
예수께서 대답하여 이르시되 진실로 진실로 네게 이르노니 사람이
거듭나지 아니하면 하나님의 나라를 볼 수 없느니라 니고데모가 이
르되 사람이 늙으면 어떻게 날 수 있사옵나이까 두 번째 모태에 들
어갔다가 날 수 있사옵나이까 예수께서 대답하시되 진실로 진실로
네게 이르노니 사람이 물과 성령으로 나지 아니하면 하나님의 나라
에 들어갈 수 없느니라 육으로 난 것은 육이요 영으로 난 것은 영이
니 내가 네게 거듭나야 하겠다 하는 말을 놀랍게 여기지 말라 바람

이 임의로 불매 네가 그 소리는 들어도 어디서 와서 어디로 가는지 알지 못하나니 성령으로 난 사람도 다 그러하니라" _ 요 3:1-8

앞에서 우리는 구속의 시행자로서 성령의 활동을 살펴보았다. 그것은 성령께서 예수 그리스도와 관련해서 하신 일을 말한다. 이제부터 우리는 구속의 적용자로서 성령의 활동을 살펴보려고 한다. 그것은 성령께서 우리와 관련해서 하신 일을 말한다. 먼저 기억할 것이 두 가지 있다. 하나는 이러한 성령의 활동이 모두 그리스도 안에서 이루어진다는 사실이다. 십스는 이렇게 말했다.

우리는 하나님으로부터 직접 성령을 소유하지 않고, 먼저 그리스도를, 그다음에 우리를 거룩하게 하는 것으로서 그분을 소유한다. 그래서 성령이 우리 안에서 행하시는 것은 무엇이든지 그분이 먼저 그리스도 안에서 행하시며, 우리가 그리스도 안에 있기 때문에 우리 안에서 행하시는 것이다.[20]

또 하나는 구원의 모든 과정이 성령의 활동에 의존한다는 사실

---

20 Richard Sibbes, "Description of Christ," in *Works*, 1:18.

이다.

성부로부터 나와 성자를 통해, 그리고 성령으로 말미암아 이루어지는 구원 서정의 모든 국면들(효과적인 부르심, 중생, 회개, 믿음, 칭의, 그리스도와의 연합, 양자됨, 성화, 보증, 견인, 영화)에서, 우리 신자들은 우리 안에 계신 성령 하나님의 구원 사역을 의존한다. 우리는 성령 없이는 구원의 국면들 중 어느 하나도 실제로 경험할 수 없다.[21]

이 가운데 우리가 먼저 살펴볼 것은 거듭남 또는 중생이다.

거듭남의 필요성 ❧

어느 날 니고데모라는 사람이 예수님을 찾아왔다. 요한은 그가 어떤 사람인지 두 가지로 설명한다. 그는 바리새인인 동시에 유대인의 지도자다. 바리새인이라는 것은 그가 누구보다도 율법에 엄격한 사람임을 의미한다. 그는 이미 누구보다도 종교적인 사람이다. 게다가, 유대인의 지도자라는 것은 그가 남에게 좀처럼 영향을 받

---

21 Joel R. Beeke and Michael Reeves, *Following God Fully*, 『청교도, 하나님을 온전히 따르는 삶』, 신호섭 역(서울: 지평서원, 2021), pp.136-137.

지 않을 사람임을 의미한다. 이런 점에서 볼 때, 니고데모가 예수님께 보인 관심은 놀랍다.

여기서 우리는 요한이 이 사건을 앞의 내용과 연결시켜 놓은 것에 주목해야 한다. 앞의 내용은 이렇다. "유월절에 예수께서 예루살렘에 계시니 많은 사람이 그의 행하시는 표적을 보고 그의 이름을 믿었으나 예수는 그의 몸을 그들에게 의탁하지 아니하셨으니 이는 친히 모든 사람을 아심이요 또 사람에 대하여 누구의 증언도 받으실 필요가 없었으니 이는 그가 친히 사람의 속에 있는 것을 아셨음이니라"(요 2:23-25).

여기 보면, 예수님의 표적을 보고 그의 이름을 믿은 많은 사람이 나온다. 그런데 예수님은 몸을 그들에게 의탁하지 않으셨다. 그들의 믿음이 참된 믿음이 아님을 아셨기 때문이다. "이는 친히 모든 사람을 아심이요 또 사람에 대하여 누구의 증언도 받으실 필요가 없었으니 이는 그가 친히 사람의 속에 있는 것을 아셨음이니라." 여기 "사람"이라는 말이 사용되었다. 그런데 이 말이 니고데모에게도 사용된다. "바리새인 중에 니고데모라 하는 사람이 있으니." 그러므로 니고데모는 앞에 나온 예수님의 표적을 보고 그의 이름을 믿은 많은 사람 중 한 명이다. 따라서 그가 한 말은 그들의 입장을 대변한 것이다. "랍비여 우리가 당신은 … "(요 3:2).

요한복음 7장 48절에는 바리새인들이 한 말이 나온다. "당국자들[지도자들]이나 바리새인 중에 그를 믿는 자가 있느냐" 이 말은 지도자들과 바리새인들 중에는 예수님을 믿는 이가 없을 거라는 그들의 생각을 보여준다. 그런데도 니고데모는 바리새인인 동시에 유대인의 지도자로서 예수님을 믿은 것이다. 그리고 사람들의 시선을 피해 밤에 예수님께 와서 이런 말을 한 것이다. "랍비여 우리가 당신은 하나님께로부터 오신 선생인 줄 아나이다 하나님이 함께 하시지 아니하시면 당신이 행하시는 이 표적을 아무도 할 수 없음이니이다." 이처럼 니고데모가 예수님께 보인 호의적인 관심은 특별하다.

그런데 니고데모의 말을 들으시고 예수님은 이렇게 대답하신다. "진실로 진실로 네게 이르노니 사람이 거듭나지 아니하면 하나님의 나라를 볼 수 없느니라"(3절). 이것은 예수님이 니고데모가 말한 형식을 빌어서 대답하신 것이다. 니고데모는 이렇게 말했다. "하나님이 함께 하시지 아니하시면 당신이 행하시는 이 표적을 아무도 할 수 없음이니이다." 이것은 하나님이 함께하심을 강조한 말이다. 여기에 대응해서 예수님이 하신 말씀은 이렇다. "사람이 거듭나지 아니하면 하나님의 나라를 볼 수 없느니라." 이것은 사람이 거듭나야 함을 강조하신 말씀이다.

예수님이 니고데모에게 이렇게 말씀하신 것과 같다. '네가 아무리 종교적이어도 하나님의 나라를 볼 수 없고, 네가 아무리 내게 호의적이어도 하나님의 나라를 볼 수 없다. 왜냐하면 너는 영적으로 죽은 존재이기 때문이다. 따라서 하나님의 나라를 보려면 네가 거듭나는 것이 필요하다.'

니고데모가 "밤에" 예수님께 온 것은 이런 사실을 상징적으로 보여준다고 할 수 있다. 요한복음에서 "밤"은 상징성을 띠는 말이기 때문이다. "유다가 그 조각을 받고 곧 나가니 밤이러라"(요 13:30). 여기서 "밤"은 예수님을 배반하여 팔게 될 가룟 유다의 영적 상태를 암시한다. "시몬 베드로가 나는 물고기 잡으러 가노라 하니 그들이 우리도 함께 가겠다 하고 나가서 배에 올랐으나 그 날 밤에 아무 것도 잡지 못하였더니"(요 21:3). 여기서 "밤"은 아무것도 잡지 못한 제자들의 상태와 연결된다.

실제로 "밤"은 세상의 빛으로 오신 예수님과 상관이 없는 상태를 말한다. "때가 아직 낮이매 나를 보내신 이의 일을 우리가 하여야 하리라 밤이 오리니 그 때는 아무도 일할 수 없느니라 내가 세상에 있는 동안에는 세상의 빛이로라"(요 9:4-5). "예수께서 대답하시되 낮이 열두 시간이 아니냐 사람이 낮에 다니면 이 세상의 빛을 보므로 실족하지 아니하고 밤에 다니면 빛이 그 사람 안에 없는 고로 실족하느니라"(요 11:9-10). 중요한 것은 "밤"으로 묘사된 상태는 영적 죽음의 상태라는 것이다. 빛은 생명을 의미하기 때문이다. "그 안에 생명이 있었으니 이 생명은 사람들의 빛이라"(요 1:4). "예수께서 또 말씀하여 이르시되 나는 세상의 빛이니 나를 따르는 자는 어둠에 다니지 아니하고 생명의 빛을 얻으리라"(요 8:12).

그러므로 "밤에" 예수님께 온 니고데모는 영적으로 죽은 자였다. 그는 누구보다도 종교적이었고 예수님께 호의적이었을지라도 영적으로 죽은 자였다. 그에게 필요한 것은 바로 생명이었다. 그래서 예수님은 그에게 거듭남에 대해 말씀하신 것이다. "진실로 진실로 네게 이르노니 사람이 거듭나지 아니하면 하나님의 나라를 볼 수 없느니라"(요 3:3). "진실로 진실로 네게 이르노니 사람이 물과 성령으로 나지 아니하면 하나님의 나라에 들어갈 수 없느니라"(5절). "내가 네게 거듭나야 하겠다 하는 말을 놀랍게 여기지 말라"(7절). 이처럼 예수님은 니고데모에게 거듭남의 필요성을 강조하셨다.

모든 사람은 거듭나기 전에 니고데모처럼 영적으로 죽은 자다. "허물과 죄로 죽었던 너희"(엡 2:1). "범죄와 육체의 무할례로 죽었던 너희"(골 2:13). "그러므로 한 사람으로 말미암아 죄가 세상에 들어오고 죄로 말미암아 사망이 들어왔나니 이와 같이 모든 사람이 죄를 지었으므로 사망이 모든 사람에게 이르렀느니라"(롬 5:12). "그들의 총명이 어두워지고 그들 가운데 있는 무지함과 그들의 마음이

굳어짐으로 말미암아 하나님의 생명에서 떠나 있도다"(엡 4:18).

이렇게 영적으로 죽은 사람에게 필요한 것은 그를 교정하거나 개선시키는 게 아니다. 필요한 것은 그 사람을 살리는 것이다. 칼빈은 이렇게 말했다. "거듭남이라는 용어를 통해서 예수께서 의미하신 것은 어떤 부분을 교정하는 것이 아니라, 전체의 본질을 갱신하는 것이다. 따라서 우리 안에 불완전하지 않은 것은 아무것도 없다."[22] 이런 점에서 사람에게 우선 필요한 것은 종교도 교육도 아니다. 그 전에 생명을 주는 변화가 필요하다. 그것이 거듭남이고 중생이다.

성경은 이러한 거듭남 또는 새로운 출생을 여러 곳에서 말한다. "이는 혈통으로나 육정으로나 사람의 뜻으로 나지 아니하고 오직 하나님께로부터 난 자들이니라"(요 1:13). "우리 주 예수 그리스도의 아버지 하나님을 찬송하리로다 그의 많으신 긍휼대로 예수 그리스도를 죽은 자 가운데서 부활하게 하심으로 말미암아 우리를 거듭나게 하사 산 소망이 있게 하시며"(벧전 1:3). "너희가 거듭난 것은 썩어질 씨로 된 것이 아니요 썩지 아니할 씨로 된 것이니 살아 있고 항상 있는 하나님의 말씀으로 되었느니라"(벧전 1:23). "그가 그 피

---

22 Calvin, *Commentary on John* 3:3.

조물 중에 우리로 한 첫 열매가 되게 하시려고 자기의 뜻을 따라 진리의 말씀으로 우리를 낳으셨느니라"(약 1:18).

도르트 신경은 이 거듭남이 "효력에 있어서 창조나 죽은 자로부터의 부활보다 못하지 않은 것"이라고 말한다. 그만큼 거듭남은 인격 전체에 영향을 미치는 근본적인 변화다. 그래서 바울은 이런 변화를 새 창조에 비유했다. "우리는 그가 만드신 바라 그리스도 예수 안에서 선한 일을 위하여 지으심을 받은 자니"(엡 2:10상). "그런즉 누구든지 그리스도 안에 있으면 새로운 피조물이라 이전 것은 지나갔으니 보라 새 것이 되었도다"(고후 5:17). "할례나 무할례가 아무 것도 아니로되 오직 새로 지으심을 받는 것만이 중요하니라"(갈 6:15).

물과 성령으로 ❧

예수님이 거듭남의 필요성을 말씀하시자 니고데모가 물었다. "사람이 늙으면 어떻게 날 수 있사옵나이까 두 번째 모태에 들어갔다가 날 수 있사옵나이까"(요 3:4). 니고데모는 예수님의 말씀 가운데 '나다'라는 말에 주목했을 뿐이다. 그는 "위에서(거듭)"라는 말에는 주목하지 못했다. 그래서 "두 번째 모태에 들어갔다가 날 수 있사옵나이까"라고 물은 것이다.

이 물음에 예수님이 대답하셨다. "진실로 진실로 네게 이르노니 사람이 물과 성령으로 나지 아니하면 하나님의 나라에 들어갈 수 없느니라 육으로 난 것은 육이요 영으로 난 것은 영이니 내가 네게 거듭나야 하겠다 하는 말을 놀랍게 여기지 말라 바람이 임의로 불매 네가 그 소리는 들어도 어디서 와서 어디로 가는지 알지 못하나니 성령으로 난 사람도 다 그러하니라"(5-8절).

이 말씀에서 우리는 예수님이 반복해서 사용하신 표현을 본다. 그것은 '성령으로 난다(태어난다, 출생한다)'는 표현이다. "물과 성령으로 나지 아니하면"(5절), "영으로 난 것은"(6절), "성령으로 난 사람도"(8절). 이와 함께 사용하신 표현이 '거듭난다(위에서 난다)'(7절)는 말이다. 그러므로 우리는 '거듭나는(위에서 나는)' 것이 성령으로 나는 것임을 알 수 있다.

그러면 왜 5절에서는 "물과 성령으로 나지 아니하면"이라고 했을까? 여기서 "물과 성령"은 무엇을 의미하는 것일까? 요한복음에서 물이 성령과 직접 연결된 곳은 여기 외에 한 곳이 더 있다. "명절 끝날 곧 큰 날에 예수께서 서서 외쳐 이르시되 누구든지 목마르거든 내게로 와서 마시라 나를 믿는 자는 성경에 이름과 같이 그 배에서 생수의 강이 흘러나오리라 하시니 이는 그를 믿는 자들이 받을 성령을 가리켜 말씀하신 것이라"(요 7:37-39). 여기서 "물"은 생명을 주는 물, 즉 "생수"다. 이 사실은 예수님이 사마리아 여인에게 생수에 대해 하신 말씀에서도 드러난다. "내가 주는 물을 마시는 자는 영원히 목마르지 아니하리니 내가 주는 물은 그 속에서 영생하도록 솟아나는 샘물이 되리라"(요 4:14). 물은 생명을 준다는 점에서 성령과 연결된다. 성령 역시 생명을 주시는 분이기 때문이다.

그런데 예수님이 '물과 성령으로 난다'는 표현을 쓰신 것은 중요하다. 우선, 생명을 주는 이 물, 즉 생수의 근원은 예수님 자신이다. "누구든지 목마르거든 내게로 와서 마시라 나를 믿는 자는 성경에 이름과 같이 그 배에서 생수의 강이 흘러나오리라"(요 7:37-38). "네가 만일 하나님의 선물과 또 네게 물 좀 달라 하는 이가 누구인 줄 알았더라면 네가 그에게 구하였을 것이요 그가 생수를 네게 주었으리라"(요 4:10).

그런데 우리가 성령을 받으면 이 생수가 우리 안에서 흘러나오게 될 것이다. "나를 믿는 자는 성경에 이름과 같이 그 배에서 생수의 강이 흘러나오리라 하시니 이는 그를 믿는 자들이 받을 성령을 가리켜 말씀하신 것이라"(요 7:38-39). "내가 주는 물을 마시는 자는 영원히 목마르지 아니하리니 내가 주는 물은 그 속에서 영생하도록 솟아나는 샘물이 되리라"(요 4:14). 성령을 받으면 생수의 근원이 우

리 안에 있게 되는 것이다. 이것은 성령께서 우리를 생수의 근원이
신 예수님과 연합시킨 결과다.

따라서 거듭나는(위에서 나는) 것은 성령으로 나는 것인데, 그것
은 성령께서 우리를 생명이신 예수 그리스도와 연합시킴으로써 일
어난다. "허물로 죽은 우리를 그리스도와 함께 살리셨고"(엡 2:5).
"그러므로 우리가 그의 죽으심과 합하여 세례를 받음으로 그와 함
께 장사되었나니 이는 아버지의 영광으로 말미암아 그리스도를 죽
은 자 가운데서 살리심과 같이 우리로 또한 새 생명 가운데서 행하
게 하려 함이라"(롬 6:4).

이것이 요한복음에서 예수 그리스도가 생명이심을 강조하는 이
유다. "아버지께서 자기 속에 생명이 있음 같이 아들에게도 생명을
주어 그 속에 있게 하셨고"(요 5:26). "예수께서 이르시되 나는 생명
의 떡이니 내게 오는 자는 결코 주리지 아니할 터이요 나를 믿는 자
는 영원히 목마르지 아니하리라"(요 6:35). "진실로 진실로 너희에게
이르노니 믿는 자는 영생을 가졌나니 내가 곧 생명의 떡이니라"(요
6:47-48). "나는 하늘에서 내려온 살아 있는 떡이니 사람이 이 떡을
먹으면 영생하리라 내가 줄 떡은 곧 세상의 생명을 위한 내 살이니
라 하시니라"(요 6:51). " 예수께서 이르시되 내가 진실로 진실로 너
희에게 이르노니 인자의 살을 먹지 아니하고 인자의 피를 마시지

아니하면 너희 속에 생명이 없느니라"(요 6:53). "도둑이 오는 것은 도둑질하고 죽이고 멸망시키려는 것뿐이요 내가 온 것은 양으로 생명을 얻게 하고 더 풍성히 얻게 하려는 것이라"(요 10:10). "예수께서 이르시되 나는 부활이요 생명이니 나를 믿는 자는 죽어도 살겠고"(요 11:25). "예수께서 이르시되 내가 곧 길이요 진리요 생명이니 나로 말미암지 않고는 아버지께로 올 자가 없느니라"(요 14:6). "오직 이것을 기록함은 너희로 예수께서 하나님의 아들 그리스도이심을 믿게 하려 함이요 또 너희로 믿고 그 이름을 힘입어 생명을 얻게 하려 함이니라"(요 20:31).

CHAPTER
09

의롭다 하심과 성령

———

"너희 중에 이와 같은 자들이 있더니 주 예수 그리스도의 이름과
우리 하나님의 성령 안에서 씻음과 거룩함과 의롭다 하심을 받았느
니라" _ **고전 6:11**

의롭다 하심과 성령의 관계는 다음의 몇 단계로 정리할 수 있다.
차례대로 살펴보자.

오직 믿음으로 의롭다 하심 ❧

이 내용은 사도 바울이 기록한 로마서와 갈라디아서에 여러
번 나타난다. "곧 이 때에 자기의 의로우심을 나타내사 자기도 의

로우시며 또한 예수 믿는 자를 의롭다 하려 하심이라 … 그러므로 사람이 의롭다 하심을 얻는 것은 율법의 행위에 있지 않고 믿음으로 되는 줄 우리가 인정하노라 … 할례자도 믿음으로 말미암아 또한 무할례자도 믿음으로 말미암아 의롭다 하실 하나님은 한 분이시니라"(롬 3:26, 28, 30). "일을 아니할지라도 경건하지 아니한 자를 의롭다 하시는 이를 믿는 자에게는 그의 믿음을 의로 여기시나니"(롬 4:5). "그러므로 우리가 믿음으로 의롭다 하심을 받았으니 우리 주 예수 그리스도로 말미암아 하나님과 화평을 누리자"(롬 5:1). "사람이 의롭게 되는 것은 율법의 행위로 말미암음이 아니요 오직 예수 그리스도를 믿음으로 말미암는 줄 알므로 우리도 그리스도 예수를 믿나니 이는 우리가 율법의 행위로써가 아니고 그리스도를 믿음으로써 의롭다 함을 얻으려 함이라 율법의 행위로써는 의롭다 함을 얻을 육체가 없느니라"(갈 2:16). "또 하나님이 이방을 믿음으로 말미암아 의로 정하실 것을 성경이 미리 알고 먼저 아브라함에게 복음을 전하되 모든 이방인이 너로 말미암아 복을 받으리라 하였느니라"(갈 3:8). "또 하나님 앞에서 아무도 율법으로 말미암아 의롭게 되지 못할 것이 분명하니 이는 의인은 믿음으로 살리라 하였음이라"(갈 3:11). "이같이 율법이 우리를 그리스도께로 인도하는 초등교사가 되어 우리로 하여금 믿음으로 말미암아 의롭다 함을 얻게 하려 함이라"(갈 3:24).

여기서 우리의 믿음은 우리가 의롭다 하심을 얻는 수단이다. 어떤 점에서 그럴까?

믿음과 그리스도와의 연합 ❧

'오직 믿음으로 의롭다 하심'을 말할 때, 믿음은 우리의 공로가 되는 도덕적 자질이 아니다. 그러면 믿음은 무엇일까? 믿음은 그리스도와 연합하는 영혼의 활동이다. 조나단 에드워즈는 믿음에 대해 이렇게 말했다. "믿음은 영혼이 '능동적으로' 그리스도와 연합하는 것이거나 그 자체가 다름 아닌 '사람들 편에서의' 연합의 활동이다."[23]

성령은 우리를 생명이신 그리스도와 연합하게 함으로써 거듭나게 하신다(중생). 그렇지만 믿음은 우리 편에서 자신을 그리스도와 연합하게 한다. 이 사실을 보여주는 성경구절이 있다. 먼저 에드워즈가 제시한 예수님의 말씀을 살펴보자. "영접하는 자 곧 그 이름을 믿는 자들에게는 하나님의 자녀가 되는 권세를 주셨으니"(요 1:12).

---

23 Jonathan Edwards, "Justification by Faith Alone," in *The Works of Jonathan Edwards*, vol.1 (Edinburgh: Banner of Truth Trust, 1974), 626.

"나는 내 아버지의 이름으로 왔으매 너희가 영접하지 아니하나 만일 다른 사람이 자기 이름으로 오면 영접하리라 너희가 서로 영광을 취하고 유일하신 하나님께로부터 오는 영광은 구하지 아니하니 어찌 나를 믿을 수 있느냐"(요 5:43-44). 여기서 그리스도를 영접하는 것은 그를 믿는 것이다.

"그 말씀이 너희 속에 거하지 아니하니 이는 그가 보내신 이를 믿지 아니함이라 너희가 성경에서 영생을 얻는 줄 생각하고 성경을 연구하거니와 이 성경이 곧 내게 대하여 증언하는 것이니라 그러나 너희가 영생을 얻기 위하여 내게 오기를 원하지 아니하는도다"(요 5:38-40). "나는 생명의 떡이니 내게 오는 자는 결코 주리지 아니할 터이요 나를 믿는 자는 영원히 목마르지 아니하리라 그러나 내가 너희에게 이르기를 너희는 나를 보고도 믿지 아니하는도다 하였느니라 아버지께서 내게 주시는 자는 다 내게로 올 것이요 내게 오는 자는 내가 결코 내쫓지 아니하리라 내가 하늘에서 내려온 것은 내 뜻을 행하려 함이 아니요 나를 보내신 이의 뜻을 행하려 함이니라 나를 보내신 이의 뜻은 내게 주신 자 중에 내가 하나도 잃어버리지 아니하고 마지막 날에 다시 살리는 이것이니라 내 아버지의 뜻은 아들을 보고 믿는 자마다 영생을 얻는 이것이니 마지막 날에 내가 이를 다시 살리리라"(요 6:35-40). 여기서 그리스도께 오는 것은 그를 믿는 것이다. 이처럼 비유적으로 그리스도를 영접하거나 그리스도께 오는 것이 믿음의 활동이다. 이것은 믿음이 그리스도와 연합하는 활동임을 보여준다.

사도 바울 역시 믿음이 그리스도와 연합하는 활동임을 보여준다. "내가 그리스도와 함께 십자가에 못 박혔나니 그런즉 이제는 내가 사는 것이 아니요 오직 내 안에 그리스도께서 사시는 것이라 이제 내가 육체 가운데 사는 것은 나를 사랑하사 나를 위하여 자기 자신을 버리신 하나님의 아들을 믿는 믿음 안에서 사는 것이라"(갈 2:20). 여기서 "그리스도와 함께"라는 말과 "내 안에"라는 말은 그리스도와의 연합을 가리킨다. 그런데 이 연합을 이루는 것이 믿음이다. 그래서 "내 안에 그리스도께서 사시는 것"은 "나를 사랑하사 나를 위하여 자기 자신을 버리신 하나님의 아들을 믿는 믿음 안에서 사는 것"과 같다. 믿음은 그리스도와 연합하는 활동이다.

"너희가 다 믿음으로 말미암아 그리스도 예수 안에서 하나님의 아들이 되었으니 누구든지 그리스도와 합하기 위하여 세례를 받은 자는 그리스도로 옷 입었느니라"(갈 3:26-27). 여기서 "믿음"은 "그리스도 예수 안에" 있게 하는 것이다. 다시 말하면, 믿음은 그리스도와 연합하는 활동이다.

그리스도와의 연합과 의롭다 하심 ✎

"너희는 하나님으로부터 나서 그리스도 예수 안에 있고 예수는 하나님으로부터 나와서 우리에게 지혜와 의로움과 거룩함과 구원함이 되셨으니"(고전 1:30). 여기 "그리스도 예수 안에"라는 말은 그리스도와의 연합을 나타낸다. 예수님이 우리에게 의로움이 되신 것은 우리가 그와 연합할 때다.

"하나님이 죄를 알지도 못하신 이를 우리를 대신하여 죄로 삼으신 것은 우리로 하여금 그 안에서 하나님의 의가 되게 하려 하심이라"(고후 5:21). 우리가 하나님의 의가 되는 것은 "그 안에서"다. 즉, 우리는 그리스도와의 연합을 통해 하나님의 의가 된다.

"또한 모든 것을 해로 여김은 내 주 그리스도 예수를 아는 지식이 가장 고상하기 때문이라 내가 그를 위하여 모든 것을 잃어버리고 배설물로 여김은 그리스도를 얻고 그 안에서 발견되려 함이니"(빌 3:8-9). 여기 "그 안에서 발견되려 함이니"라는 말은 그리스도와의 연합을 가리킨다. 그런 다음 바울은 말한다. "내가 가진 의는 율법에서 난 것이 아니요 오직 그리스도를 믿음으로 말미암은 것이니 곧 믿음으로 하나님께로부터 난 의라"(빌 3:9). 이것은 그가 하나님께 의롭다 하심을 얻은 것을 말한다. 이처럼 우리는 그리스도와 연합을 통해 의롭다 하심을 얻는다.

따라서 우리가 의롭다 하심을 얻는 근거는 우리의 믿음에 있지 않고 하나님의 은혜와 그리스도의 완전한 의에 있다. "그리스도 예수 안에 있는 속량으로 말미암아 하나님의 은혜로 값 없이 의롭다 하심을 얻은 자 되었느니라"(롬 3:24). "그러면 이제 우리가 그의 피로 말미암아 의롭다 하심을 받았으니 더욱 그로 말미암아 진노하심에서 구원을 받을 것이니"(롬 5:9). "내가 하나님의 은혜를 폐하지 아니하노니 만일 의롭게 되는 것이 율법으로 말미암으면 그리스도께서 헛되이 죽으셨느니라"(갈 2:21). "우리로 그의 은혜를 힘입어 의롭다 하심을 얻어 영생의 소망을 따라 상속자가 되게 하려 하심이라"(딛 3:7).

하이델베르그 교리문답 61문은 이런 질문이다. "왜 당신은 당신이 믿음으로만 의롭다고 말하는가?" 그 답은 이렇다. "내가 하나님께 받아들여질 수 있는 것은 내 믿음의 가치 때문이 아니라 오직 그리스도의 대속과 의와 거룩함이 하나님 앞에서 나의 의이기 때문이다(칭의의 근거). 그리고 나는 오직 믿음으로가 아닌 다른 방법으로는 그 같은 것을 내 자신에게 받아들이고 적용할 수 없기 때문이다(칭의의 수단)." 사도 바울은 비시디아 안디옥 회당에서 이렇게 설교했다. "또 모세의 율법으로 너희가 의롭다 하심을 얻지 못하던 모든 일에도 이 사람을 힘입어[이 사람 안에서, 칭의의 근거] 믿는[칭의의 수

단] 자마다 의롭다 하심을 얻는 이것이라"(행 13:39).

그러면 우리는 그리스도와 연합함으로 의롭다 하심을 얻게 하는 믿음을 어떻게 가질 수 있을까? 그것은 성령을 통해서만 가능하다.

성령과 믿음 ❧

여기에 의롭다 하심과 관련된 성령의 활동이 존재한다. "너희 중에 이와 같은 자들이 있더니 주 예수 그리스도의 이름과 우리 하나님의 성령 안에서 씻음과 거룩함과 의롭다 하심을 받았느니라"(고전 6:11). 이 말씀은 우리가 의롭다 하심을 얻는 가운데 성령의 활동이 있음을 보여준다. 여기 "주 예수 그리스도의 이름과 우리 하나님의 성령 안에서"라는 말에 주목하라. 이 말은 '주 예수 그리스도의 이름 안에서와 우리 하나님의 영 안에서'다. 이 말은 우리가 의롭다 하심을 얻는 데는 두 가지가 다 필요함을 나타낸다.

그러면 "주 예수 그리스도의 이름 안에서"라는 말은 무슨 뜻일까? 바울은 이 편지에서 "주 예수 그리스도"라는 표현을 여러 번 사용했다. 그러나 여기에 "이름"을 붙여 사용한 경우는 단 네 번뿐이다. 이 가운데 고린도교회 성도들의 구원과 관련해서 사용한 경우는 여기 외에 한 번밖에 없다. "고린도에 있는 하나님의 교회 곧 그리스도 예수 안에서 거룩하여지고 성도라 부르심을 받은 자들과 또 각처에서 우리의 주 곧 그들과 우리의 주 되신 예수 그리스도의 이름을 부르는 모든 자들에게"(고전 1:2). 여기 "거룩하여지고"는 "거룩함 … 을 받았느니라"(고전 6:11)와 같이 그들이 얻은 구원을 말한다.

이 구원은 "주 되신 예수 그리스도의 이름을 부르는" 것으로도 표현된다. 이것은 그들이 예수 그리스도를 주로 믿는 것을 의미한다. "네가 만일 네 입으로 예수를 주로 시인하며 또 하나님께서 그를 죽은 자 가운데서 살리신 것을 네 마음에 믿으면 구원을 받으리라 사람이 마음으로 믿어 의에 이르고 입으로 시인하여 구원에 이르느니라 성경에 이르되 누구든지 그를 믿는 자는 부끄러움을 당하지 아니하리라 하니 유대인이나 헬라인이나 차별이 없음이라 한 분이신 주께서 모든 사람의 주가 되사 그를 부르는 모든 사람에게 부요하시도다 누구든지 주의 이름을 부르는 자는 구원을 받으리라 그런즉 그들이 믿지 아니하는 이를 어찌 부르리요 듣지도 못한 이를 어찌 믿으리요 전파하는 자가 없이 어찌 들으리요"(롬 10:9-14).

이처럼 "주 예수 그리스도의 이름"은 믿음을 전제한다. 따라서 "주 예수 그리스도의 이름 안에서"라는 말은 믿음에 의한 예수 그리스도와의 연합을 의미한다. 이러한 연합을 가능하게 만드시는 분이 성령이다. 그래서 바울은 "주 예수 그리스도의 이름 안에서"라는 말 뒤에 "우리 하나님의 성령 안에서"라는 말을 추가했다. 우리에게 "주 예수 그리스도의 이름"을 알게 하시는 분이 성령이다.

"우리가 세상의 영을 받지 아니하고 오직 하나님으로부터 온 영을 받았으니 이는 우리로 하여금 하나님께서 우리에게 은혜로 주신 것들을 알게 하려 하심이라"(고전 2:12). 여기서 바울이 말한 "하나님께서 우리에게 은혜로 주신 것들"은 '하나님의 지혜'이고, '십자가에 못 박힌 그리스도'이고, 그가 전한 '복음의 내용'이다. 그런데 이것을 알게 하는 분이 바로 성령이다. 우리가 예수 그리스도께서 주 되심을 아는 것은 성령을 통해서다. 그래서 바울은 나중에 이렇게 말했다. "그러므로 내가 너희에게 알리노니 하나님의 영으로 말하는 자는 누구든지 예수를 저주할 자라 하지 아니하고 또 성령으로 아니하고는 누구든지 예수를 주시라 할 수 없느니라"(고전 12:3).

따라서 우리는 성령이 없이 예수 그리스도를 주로 믿는 믿음을 가질 수 없다. 칼빈은 그의 기독교강요에서 믿음에 대한 바른 정의를 이렇게 말했다.

믿음은 우리를 향한 하나님의 선하심에 대한 견고하고 확실한 지식이다. 이 지식은 그리스도 안에서 거저 주신 약속의 진리에 기초하는 것으로서, 성령을 통해서 우리의 마음에 계시되고 우리의

심장에 새겨진다.[24]

이 정의에서 칼빈이 강조한 점은 이것이다. 믿음은 진리에 기초한 것인데, 성령의 조명이 없이는 그 진리를 알 수 없다는 것이다. 칼빈은 성령께서 우리에게 조명을 통해 믿음을 불러일으키신다는 사실을 이렇게 설명했다.

우리의 눈멂과 완고함이 가로막지 않았다면 하나님의 말씀 그 자체의 외부적인 예증만으로도 믿음이 만들어지기에 충분하였을 것이다. 그러나 우리의 정신은 허무함에 치우쳐 하나님의 진리에 결코 견고히 부착될 수 없으며 그 무딤이 얼마나 대단한지 그 진리의 빛에 대하여 항상 눈이 멀어 있다. 그러므로 성령의 조명이 없다면 아무것도 말씀으로써 수행될 수 없다. 이로써 믿음이 인간의 지성보다 훨씬 뛰어나다는 사실이 또한 분명해진다. 마음 역시 성령으로 강화되고 지탱되지 않는 한 정신이 성령으로 조명되는 것만으로는 충분하지 않다. 이 문제에 있어서 스콜라주의자들은 길에서 아주 벗어나 헤매고 있다. 그들은 믿음을 고려함에 있어서 그것을

---

24 Ioannes Calvinus, *Institutio christianae religionis*, 『기독교 강요 3권』, 문병호 역(서울: 생명의말씀사, 2020), p.54.

지식으로부터 나오는 단순한 승인 그 자체와 동일시하고 마음의 확신과 평정을 배제해 버린다.

그러므로 믿음은 사람의 정신이 깨끗해져서 하나님의 진리를 맛볼 수 있게끔 되는 것과 사람의 마음이 그 진리 안에서 세워지는 것, 이 두 가지 방면에서 하나님의 특별한 선물이 된다. 왜냐하면 성령은 믿음의 창시자가 되실 뿐만 아니라 그것을 점차 자라게 하심으로 우리를 이끌어 천국으로 인도하시기 때문이다.[25]

이처럼 성령은 믿음의 창시자로서 우리의 의롭다 하심을 가능하게 하신다.

---

25 Calvinus, 『기독교 강요 3권』, p.102.

CHAPTER
10
거룩하게 하심과 성령

———

"그러므로 형제들아 우리가 끝으로 주 예수 안에서 너희에게 구하고 권면하노니 너희가 마땅히 어떻게 행하며 하나님을 기쁘시게 할 수 있는지를 우리에게 배웠으니 곧 너희가 행하는 바라 더욱 많이 힘쓰라 우리가 주 예수로 말미암아 너희에게 무슨 명령으로 준 것을 너희가 아느니라 하나님의 뜻은 이것이니 너희의 거룩함이라 곧 음란을 버리고 각각 거룩함과 존귀함으로 자기의 아내 대할 줄을 알고 하나님을 모르는 이방인과 같이 색욕을 따르지 말고 이 일에 분수를 넘어서 형제를 해하지 말라 이는 우리가 너희에게 미리 말하고 증언한 것과 같이 이 모든 일에 주께서 신원하여 주심이라 하나님이 우리를 부르심은 부정하게 하심이 아니요 거룩하게 하심이니 그러므로 저버리는 자는 사람을 저버림이 아니요 너희에게 그

의 성령을 주신 하나님을 저버림이니라" _ **살전 4:1-8**

이 말씀을 기록한 사도 바울의 관심은 데살로니가 성도들의 거룩함에 있다. 이것은 그리스도인이 되고 난 후에도 그들 가운데 남아 있던 성적 부도덕과 관련이 있다. 그래서 그는 그들에게 이렇게 권면했다. "음란을 버리고 각각 거룩함과 존귀함으로 자기의 아내 대할 줄을 알고 하나님을 모르는 이방인과 같이 색욕을 따르지 말고 이 일에 분수를 넘어서 형제를 해하지 말라."

부르신 목적과 성령 ❧

이때 바울은 그들에게 몇 가지 사실을 상기시킨다. 첫째, 그들의 거룩함이 하나님의 뜻이다. "하나님의 뜻은 이것이니 너희의 거룩함이라." 데살로니가 성도들의 거룩함은 하나님의 뜻이고, 하나님을 기쁘시게 하는 것이다. 그렇기 때문에 그들은 "하나님을 모르는 이방인과 같이" 살면 안 된다.

둘째, 그들의 성적 부도덕에 대해 주께서 벌하실 것이다. "이는 우리가 너희에게 미리 말하고 증언한 것과 같이 이 모든 일에 주께서 신원하여 주심이라." 바울은 "주 예수"의 권위로 데살로니가 성도들에게 말하고 가르쳤다. "그러므로 형제들아 우리가 끝으로 주 예수 안에서 너희에게 구하고 권면하노니 너희가 마땅히 어떻게 행하며 하나님을 기쁘시게 할 수 있는지를 우리에게 배웠으니 곧 너희가 행하는 바라 더욱 많이 힘쓰라 우리가 주 예수로 말미암아 너희에게 무슨 명령으로 준 것을 너희가 아느니라." 따라서 바울의 가르침을 무시하는 자는 주의 심판을 받게 될 것이다.

셋째, 하나님이 그들을 부르신 목적은 성적 부도덕이 아니라 거룩함에 있다. "하나님이 우리를 부르심은 부정하게 하심이 아니요 거룩하게 하심이니." 여기 "부정하게 하심"은 성적 부도덕을 가리키는 말이다. 예를 들면, 이 말씀에서도 그렇다. "그러므로 하나님께서 그들을 마음의 정욕대로 더러움에 내버려 두사 그들의 몸을 서로 욕되게 하게 하셨으니"(롬 1:24, 고후 12:21; 갈 5:19; 엡 5:3; 골 3:5 참조).

이처럼 거룩하게 하심(성화)은 하나님께서 성도를 부르신 목적이다. 본문 외에도 성경의 여러 구절이 이 사실을 보여준다. "평강의 하나님이 친히 너희를 온전히 거룩하게 하시고 또 너희의 온 영과 혼과 몸이 우리 주 예수 그리스도께서 강림하실 때에 흠 없게 보전되기를 원하노라 너희를 부르시는 이는 미쁘시니 그가 또한 이루시리라"(살전 5:23-24). "하나님이 우리를 구원하사 거룩하신 소명으로 부르심은 우리의 행위대로 하심이 아니요 오직 자기의 뜻과 영원 전부터 그리스도 예수 안에서 우리에게 주신 은혜대로 하심이라"(딤후 1:9). "그러므로 함께 하늘의 부르심을 받은 거룩한 형제들아 우리가 믿는 도리의 사도이시며 대제사장이신 예수를 깊이 생각하라"(히 3:1). "오직 너희를 부르신 거룩한 이처럼 너희도 모든 행실에 거룩한 자가 되라 기록되었으되 내가 거룩하니 너희도 거룩할지어다 하셨느니라"(벧전 1:15-16).

이와 함께 성화는 그리스도께서 성도를 구속하신 목적이기도 하다. 성경에는 이 사실을 뒷받침하는 구절이 많다. "그들을 진리로 거룩하게 하옵소서 아버지의 말씀은 진리니이다 아버지께서 나를 세상에 보내신 것 같이 나도 그들을 세상에 보내었고 또 그들을 위하여 내가 나를 거룩하게 하오니 이는 그들도 진리로 거룩함을 얻게 하려 함이니이다"(요 17:17-19). "곧 창세 전에 그리스도 안에서 우리를 택하사 우리로 사랑 안에서 그 앞에 거룩하고 흠이 없게 하시려고 … 우리는 그리스도 안에서 그의 은혜의 풍성함을 따라 그의 피로 말미암아 속량 곧 죄 사함을 받았느니라"(엡 1:4, 7). "남편들아 아내 사랑하기를 그리스도께서 교회를 사랑하시고 그 교회를 위하여 자신을 주심 같이 하라 이는 곧 물로 씻어 말씀으로 깨끗하게 하사 거룩하게 하시고 자기 앞에 영광스러운 교회로 세우사 티나 주름 잡힌 것이나 이런 것들이 없이 거룩하고 흠이 없게 하려 하심이라"(엡 5:25-27). "이제는 그의 육체의 죽음으로 말미암아 화목하게 하사 너희를 거룩하고 흠 없고 책망할 것이 없는 자로 그 앞에 세우고자 하셨으니"(골 1:22).

따라서 데살로니가 성도들이 성적 부도덕을 버리고 거룩함을 나타내야 함은 마땅하다. 그렇지만 바울은 여기서 만족하지 않았다. 그는 마지막에 이런 말을 추가한다. "그러므로 저버리는 자는 사람을 저버림이 아니요 너희에게 그의 성령을 주신 하나님을 저버림이니라." 여기 "그러므로"는 바울이 앞에서 말한 내용에 비추어 추론한 것임을 나타낸다.

앞에서 살펴본 대로, 성적 부도덕을 버리고 거룩함을 나타내라는 권면은 사도 바울이 데살로니가 성도들에게 준 것이다. "너희가 마땅히 어떻게 행하며 하나님을 기쁘시게 할 수 있는지를 우리에게 배웠으니." "우리가 주 예수로 말미암아 너희에게 무슨 명령으로 준 것을." "우리가 너희에게 미리 말하고 증언한 것과 같이." 그렇지만 바울의 이러한 권면은 근원적으로 하나님의 뜻에서 비롯된 것이다. "하나님의 뜻은 이것이니 너희의 거룩함이라."

따라서 바울은 이렇게 말한다. "저버리는 자는 사람을 저버림이 아니요 … 하나님을 저버림이니라." 자신이 아니라 하나님을 저버리는 것이라 말한 것이다. 그런데 이때 하나님에 대해 이런 설명을 붙인다. "너희에게 그의 성령을 주신 [하나님]." 이 설명은 하나님께서 데살로니가 성도들에게 "그의 영"을 주셨는데, 그 영은 '거룩한' 영이라는 의미다. 바울은 하나님의 영이 지닌 '거룩한' 특징을 강조한 것이다. 이것은 앞에서 말한 "거룩함"(3, 4, 7절)이 하나님의 '거룩한' 영에 의한 것임을 나타낸다. 데살로니가 성도들이 성적 부도덕을 버리고 거룩함을 나타낼 수 있는 것은, 하나님께서 그들에게 그의 거룩한 영을 주셨기 때문이다. 그래서 바울은 고린도교회 성도들에게 이렇게 말한 것이다. "너희는 너희가 하나님의 성전인 것과 하나님의 성령이 너희 안에 계시는 것을 알지 못하느냐 누구든지 하나님의 성전을 더럽히면 하나님이 그 사람을 멸하시리라 하나님의 성전은 거룩하니 너희도 그러하니라"(고전 3:16-17).

그러므로 바울이 마지막에 추가한 이 말은 엄중한 경고다. "그러므로 저버리는 자는 사람을 저버림이 아니요 너희에게 그의 성령을 주신 하나님을 저버림이니라." 하나님은 데살로니가 성도들에게 성적 부도덕을 버리고 거룩함을 나타내야 하는 당위성만 말씀하신 게 아니다. 하나님은 그들이 그렇게 할 수 있도록 그의 성령을 주신 것이다.

이처럼 성령은 실제로 거룩하게 하는 일을 하신다. 성부 하나님이 부르신 목적과 성자 예수님이 구속하신 목적을 실현하는 분이 성령이다. 성화는 성령께서 성도를 위해 행하시는 주된 사역이다. 성령이라는 이름에 이미 그 사실이 나타나 있다. 성경 여러 곳에서 이 사실을 확인할 수 있다. "이 은혜는 곧 나로 이방인을 위하여 그리스도 예수의 일꾼이 되어 하나님의 복음의 제사장 직분을 하게 하사 이방인을 제물로 드리는 것이 성령 안에서 거룩하게 되어 받으실 만하게 하려 하심이라"(롬 15:16). "너희는 너희가 하나님의 성전인 것과 하나님의 성령이 너희 안에 계시는 것을 알지 못하느냐 누구든지 하나님의 성전을 더럽히면 하나님이 그 사람을 멸하시리라 하나님의 성전은 거룩하니 너희도 그러하니라"(고전 3:16-17). "하나님이 우리를 부르심은 부정하게 하심이 아니요 거룩하게 하심이니 그러므로 저버리는 자는 사람을 저버림이 아니요 너희에게 그의 성령을 주신 하나님을 저버림이니라"(살전 4:7-8). "주께서 사랑하시는 형제들아 우리가 항상 너희에 관하여 마땅히 하나님께 감사할 것은 하나님이 처음부터 너희를 택하사 성령의 거룩하게 하심과 진리를 믿음으로 구원을 받게 하심이니"(살후 2:13). "곧 하나님 아버지의 미리 아심을 따라 성령이 거룩하게 하심으로 순종함과 예수 그리스도의 피 뿌림을 얻기 위하여 택하심을 받은 자들에게 편지하노니 은혜와 평강이 너희에게 더욱 많을지어다"(벧전 1:2).

결국 삼위 하나님의 사역은 우리의 성화에 초점이 맞추어져 있다. 따라서 성화는 그리스도인이 추구해야 할 삶의 목표가 됨이 마땅하다.

그리스도와의 연합 ✏

그러면 거룩하게 하심은 무엇일까? 성경이 말하는 구원은 죄로부터의 구원이다. 그런데 죄는 그것이 원죄든 자기가 지은 죄든 죄책과 오염을 수반한다. 죄책은 정죄를 받아 형벌을 면할 수 없는 상태를 말한다. 오염은 본성의 부패를 말한다. 의롭다 하심(칭의)은 죄책을 처리해 준다. 거룩하게 하심(성화)은 오염을 처리해 준다. 의롭다 하심은 정죄에서 해방되는 것이며, 거룩하게 하심은 죄의 권세에서 구원받는 것이다.

성경이 말하는 거룩하게 하심은 즉각적이고도 점진적이다. 그래서 즉각적(확정적, 신분적) 성화와 점진적 성화로 구분하기도 한다. 즉각적 성화는 이런 구절에서 나타난다. "지금 내가 여러분을 주와 및 그 은혜의 말씀에 부탁하노니 그 말씀이 여러분을 능히 든든히 세우사 거룩하게 하심을 입은[완료시제] 모든 자 가운데 기업이 있게 하시리라"(행 20:32). "이는 곧 물로 씻어 말씀으로 깨끗하게 하사 거룩하게 하시고[부정과거시제]"(엡 5:26). "이 뜻을 따라 예수 그리스도의 몸을 단번에 드리심으로 말미암아 우리가 거룩함을 얻었노라[완료시제]"(히 10:10). 점진적 성화를 말하는 것으로는 이 구절을 예로 들 수 있다. "너희 육신이 연약하므로 내가 사람의 예대로 말하노니 전에 너희가 너희 지체를 부정과 불법에 내주어 불법에 이른 것 같이 이제는 너희 지체를 의에게 종으로 내주어 거룩함에 이르라"(롬 6:19).

이렇게 즉각적이고도 점진적인 성화는 그리스도와의 연합을 통해 이루어진다. 예수님은 우리의 성화를 위해 우리와 같은 인성을 취하셨다. "그러므로 만물이 그를 위하고 또한 그로 말미암은 이가 많은 아들들을 이끌어 영광에 들어가게 하시는 일에 그들의 구원의 창시자를 고난을 통하여 온전하게 하심이 합당하도다 거룩하게 하시는 이와 거룩하게 함을 입은 자들이 다 한 근원에서 난지라 그러므로 형제라 부르시기를 부끄러워하지 아니하시고"(히 2:10-11). 또 예수님은 우리의 성화를 위해 자신의 성화를 말씀하신 적이 있다. "또 그들을 위하여 내가 나를 거룩하게 하오니 이는 그들도 진리로 거룩함을 얻게 하려 함이니이다"(요 17:19).

그 결과 성화는 그리스도와의 연합을 통해 이루어진다. "고린도에 있는 하나님의 교회 곧 그리스도 예수 안에서 거룩하여지고 성도라 부르심을 받은 자들과 또 각처에서 우리의 주 곧 그들과 우리의 주 되신 예수 그리스도의 이름을 부르는 모든 자들에게"(고전 1:2). "너희는 하나님으로부터 나서 그리스도 예수 안에 있고 예수는 하나님으로부터 나와서 우리에게 지혜와 의로움과 거룩함과 구원함이 되셨으니"(고전 1:30). "너희 중에 이와 같은 자들이 있더니 주 예수 그리스도의 이름과 우리 하나님의 성령 안에서 씻음과 거룩함과 의롭다 하심을 받았느니라"(고전 6:11). "그 눈을 뜨게 하여 어둠에서 빛으로, 사탄의 권세에서 하나님께로 돌아오게 하고 죄 사함과 나를 믿어 거룩하게 된 무리 가운데서 기업을 얻게 하리라 하더이다"(행 26:18).

그러면 이렇게 그리스도와 연합하여 이루어지는 성화는 구체적으로 어떻게 일어날까? 이것은 사도 바울이 로마서에서 거룩함에 대해 말한 곳을 보면 알 수 있다. "너희 육신이 연약하므로 내가 사람의 예대로 말하노니 전에 너희가 너희 지체를 부정과 불법에 내주어 불법에 이른 것 같이 이제는 너희 지체를 의에게 종으로 내주어 거룩함에 이르라 너희가 죄의 종이 되었을 때에는 의에 대하여 자유로웠느니라 너희가 그 때에 무슨 열매를 얻었느냐 이제는 너희가 그 일을 부끄러워하나니 이는 그 마지막이 사망임이라 그러나 이제는 너희가 죄로부터 해방되고 하나님께 종이 되어 거룩함에 이르는 열매를 맺었으니 그 마지막은 영생이라"(롬 6:19-22). 여기 바울은 두 시기를 대비해 말하고 있다. "전에" "너희가 죄의 종이 되었을 때에는" "그 때에" 등은 믿기 전을 말한다. 세 번 언급된 "이제는"은 믿은 후를 말한다. 믿기 전의 삶은 죄의 종 된 삶이었고 열매 없는 삶이었다. 그에 비해, 믿은 후의 삶은 의에게 종 된 삶이고, 죄에서 해방되고 하나님께 종이 되어 거룩함에 이르는 열매를 얻은 삶이다.

여기서 우리는 성화를 위해 구체적으로 무슨 일이 일어나는지 알 수 있다. 그것은 죄에서 해방되고 하나님께 종이 되는 일이다. 그럼으로써 죄의 종 된 삶이 의의 종 된 삶으로 바뀌어야 한다. 바울은 이에 대해 로마서 6장 앞부분에서 설명한다. 그 설명에 따르면, 죄에서 해방되어 하나님께 종이 되는 것은 그리스도와의 연합을 통해 가능하다. 바울은 말한다. "그가 죽으심은 죄에 대하여 단번에 죽으심이요 그가 살아 계심은 하나님께 대하여 살아 계심이니 이와 같이 너희도 너희 자신을 죄에 대하여는 죽은 자요 그리스도 예수 안에서 하나님께 대하여는 살아 있는 자로 여길지어다"(롬 6:10-11). 죄에 대하여 죽은 것은 죄의 종 된 것에서 해방됨을 의미한다. 이것은 죄가 더 이상 지배할 수 없는 상태를 말한다. 하나님께 대하여 산 것은 새로운 생명의 원리가 주어진 것을 의미한다.

따라서 그리스도와의 연합을 통한 성화는 이 두 가지 방면에서 일어난다. 죄에서 해방되고 하나님께 종이 되는 것이다. 이런 사실은 사도 베드로가 기록한 편지에서도 볼 수 있다. "친히 나무에 달려 그 몸으로 우리 죄를 담당하셨으니 이는 우리로 죄에 대하여 죽고 의에 대하여 살게 하려 하심이라"(벧전 2:24). 그리스도의 대속의 죽음은 그 목적이 우리로 죄에 대하여 죽고 의에 대하여 살게 하려는 데 있다. 그래서 베드로는 성도들에게 이렇게 권면한다. "그리스도께서 이미 육체의 고난을 받으셨으니 너희도 같은 마음으로 갑옷을 삼으라 이는 육체의 고난을 받은 자는 죄를 그쳤음이니 그 후로는 다시 사람의 정욕을 따르지 않고 하나님의 뜻을 따라 육체의 남은 때를 살게 하려 함이라"(벧전 4:1-2).

그러면 이와 같은 그리스도와의 연합을 통한 성화에서 성령의 활동은 무엇일까? 우리는 앞에서 중생과 칭의와 관련해 성령의 활동을 살펴보았다. 성령은 우리를 생명이신 그리스도와 연합시킴으로써 거듭나게 하신다(중생). 성령은 우리 안에 조명을 통해 믿음을 불러일으켜서 그리스도와 연합하게 함으로써 의롭다 하심을 얻게 하신다(칭의). 그러면 성화에서 성령의 활동은 무엇일까? 그것은 그리스도와의 연합이 지닌 주관적 측면을 경험하게 하는 것이다.

간단히 말하면, 그리스도를 닮아가는 것이라고 할 수 있다. 사도 바울은 그것을 그리스도의 영광을 보게 함으로써 점차 그와 같은 형상으로 변화시키는 것이라고 말한다. "우리가 다 수건을 벗은 얼굴로 거울을 보는 것 같이 주의 영광을 보매 그와 같은 형상으로 변화하여 영광에서 영광에 이르니 곧 주의 영으로 말미암음이니라"(고후 3:18).

성령께서 그리스도와의 연합이 지닌 주관적 면을 경험하게 한다는 것은 이런 의미다. 바울은 갈라디아 여러 교회에 이렇게 말했다. "내가 이르노니 너희는 성령을 따라 행하라 그리하면 육체의 욕심을 이루지 아니하리라"(갈 5:16). 여기서 "육체의 욕심"을 이루지 않는 길은 '성령을 따라 행하는' 것이다. 그런데 바울은 이 단락의 마지막에서 다시 육체의 욕심에 대해 말한다. "그리스도 예수의 사람들은 육체와 함께 그 정욕과 탐심을 십자가에 못 박았느니라"(갈 5:24). 여기서 육체의 욕심은 이미 그리스도와의 연합을 통해 처리되었다. 따라서 성령을 따라 행하는 것은 이 그리스도와의 연합이 현재의 삶 속에서 효력을 발휘하는 것을 의미한다. 이처럼 성화에서 성령의 활동은 연합의 효력을 체험하게 하는 능력으로 나타난다.

PART 3
성령과 성도의 삶

• • •

그러므로 사랑으로 대표되는 성령의 열매는
그리스도인이 우선적으로 추구해야 할 목표다.
다른 어떤 것도 결코 이 목표를 대신할 수 없다.
건강, 돈, 행복, 자녀 교육, 사업 성공, 목회 성공이 성령의 열매라는 목표를 대신해서는 안 된다.
다른 목표는 전부 우리 스스로 얻을 수 있는 열매일지 모르지만 성령의 열매는 그렇지 않다.
하나님은 이 성령의 열매로 우리를 평가하신다.
하나님은 마지막 때에도 "사랑과 희락과 화평과 오래 참음과
자비와 양선과 충성과 온유와 절제"라는 열매로 우리를 평가하실 것이다.

CHAPTER
11

양자의 영

———

"너희는 다시 무서워하는 종의 영을 받지 아니하고 양자의 영을
받았으므로 우리가 아빠 아버지라고 부르짖느니라 성령이 친히
우리의 영과 더불어 우리가 하나님의 자녀인 것을 증언하시나니"
_ 롬 8:15-16

로마서 8장 14절은 말한다. "무릇 하나님의 영으로 인도함을 받
는 사람은 곧 하나님의 아들이라." 그런 다음, 이에 대한 설명이 15
절과 16절에 이어진다(15절에는 이러한 연결을 나타내는 접속사가 들어
있다). 여기서 바울은 하나님의 영과 하나님의 아들 됨의 관계를 설
명한다.

아바 아버지 ෭

바울은 그리스도인들이 성령 받은 사실을 이렇게 말한다. "너희는 다시 무서워하는 종의 영을 받지 아니하고 양자의 영을 받았으므로." 이것은 과거 단번에 이루어진 일을 말한다. 그래서 "받지 아니하고 … 받았으므로"는 헬라어의 부정과거시제로 되어 있다. 이것은 회심 때 일어난 일을 말한다. 이때 "양자의 영"은 14절에서 말한 "하나님의 영" 즉 성령을 가리킨다. 이것은 16절에서 말한 "성령"(그 영)으로서 "우리의 영"과 구별된다.

여기서 성령은 "종의 영"이 아닌 "양자의 영"으로 묘사된다. 바울이 이 두 영의 대조를 통해 보여주려는 것은 각각에 딸린 설명을 보면 알 수 있다. "종의 영"에 대해서는 "다시 무서워하는"이라는 설명이 붙는다. 이것은 그리스도인이 되기 전 하나님의 심판이 무서웠던 상태로 돌아감을 가리킨다. 이런 상태는 히브리서 2장 15절이 보여주는 것과 같다. "또 죽기를 무서워하므로 한평생 매여 종 노릇하는 모든 자들을 놓아 주려 하심이니." 따라서 성령은 그리스도인을 이런 상태로 돌아가게 만드는 분이 아니라는 것이다.

그에 비해 "양자의 영"에 대해서는 "아빠 아버지라고 부르짖느니라"는 설명이 붙는다. 이 설명은 좀 더 정확히 번역하면, '그분(양자의 영)에 의해서 아빠 아버지라고 부르짖느니라'가 된다. 이것은 그리스도인이 성령에 의해서 아빠 아버지라고 부르짖게 됨을 말한다. 이것은 현재 반복해서 일어나는 일을 말한다. 그러기에 "부르짖느니라"는 현재시제로 되어 있다.

"아빠"(개역한글 "아바")는 예수님 당시에 통용어였던 아람어로서 '아버지'를 가리킨다. 이 말은 어린아이가 아버지를 친근히 부를 때 쓰는 아빠(Daddy)가 아니다. 이 점에서 개역개정 성경은 오해를 일으킬 수 있다. 바울은 아버지를 가리키는 아람어 단어를 일부러 번역하지 않고 그대로 음역해 놓은 것이다. 이렇게 한 데는 중요한 이유가 있다. 예수님 자신이 그분의 아버지를 부를 때 이 말을 사용하셨기 때문이다. "아빠 아버지여 아버지께는 모든 것이 가능하오니 이 잔을 내게서 옮기시옵소서 그러나 나의 원대로 마시옵고 아버지의 원대로 하옵소서"(막 14:36).

따라서 바울은 예수님이 아버지를 부를 때 사용하셨던 말을 그대로 쓴 것이다. 이처럼 그리스도인은 성령에 의해 예수님이 사용하신 말을 똑같이 사용한다. 이것은 예수님이 성부 하나님과 가지셨던 관계에 그리스도인이 성령에 의해 참여함을 의미한다. 그럴 때 그리스도인은 무서움이 아니라 예수님이 성부 하나님께 가지셨던 사랑을 느끼게 된다. "아빠 아버지라고 부르짖느니라"는 말은 이러한 경험을 나타낸다. 우리가 회심할 때 성령을 받으면, 성령은 양자의 영으로서 이와 같은 일을 행하신다.

성령이 예수님께 임했을 때 주어진 계시 ❧

이 사실은 성령이 예수님께 임했을 때 일어난 일을 보면 더욱 분명해진다. 마태는 성령이 예수님께 임한 장면을 이렇게 기록한다. "예수께서 세례를 받으시고 곧 물에서 올라오실새 하늘이 열리고 하나님의 성령이 비둘기 같이 내려 자기 위에 임하심을 보시더니 하늘로부터 소리가 있어 말씀하시되 이는 내 사랑하는 아들이요 내 기뻐하는 자라 하시니라"(마 3:16-17).

여기서 "하늘이 열리고"는 계시가 주어진 것을 가리킨다. 그래서 '하늘이 열린다'는 말 다음에 '보인다' 또는 '본다'라는 말이 나온다. 성경의 여러 구절이 이 사실을 확인시켜준다. "서른째 해 넷째 달 초닷새에 내가 그발 강 가 사로잡힌 자 중에 있을 때에 하늘이 열리며 하나님의 모습이 내게 보이니"(겔 1:1). "또 이르시되 진실로 진실로 너희에게 이르노니 하늘이 열리고 하나님의 사자들이 인자 위에 오르락 내리락 하는 것을 보리라 하시니라"(요 1:51). "말하되 보라 하늘이 열리고 인자가 하나님 우편에 서신 것을 보노라 한대"(행 7:56). "하늘이 열리며 한 그릇이 내려오는 것을 보니 큰 보자기 같고 네 귀를 매어 땅에 드리웠더라"(행 10:11). "또 내가 하늘이 열린 것을 보니 보라 백마와 그것을 탄 자가 있으니 그 이름은 충신과 진실이라 그가 공의로 심판하며 싸우더라"(계 19:11).

그러면 성령이 예수님께 임했을 때 무슨 계시가 주어졌을까? 그것은 예수님에 관한 계시다. 예수님이 세례를 받고 물에서 올라오실 때 하나님의 성령이 그 위에 강림하셨다. 그리고 하늘로부터 소리가 있었다. "이는 내 사랑하는 아들이요 내 기뻐하는 자라."

성령이 예수님께 임했을 때, 예수님과 하나님 사이의 관계가 계시로 드러났다. 그것은 아들과 아버지의 관계다. 그기에 세례 요한도 이렇게 말했다. "내가 보매 성령이 비둘기 같이 하늘로부터 내려와서 그의 위에 머물렀더라 나도 그를 알지 못하였으나 나를 보내어 물로 세례를 베풀라 하신 그이가 나에게 말씀하시되 성령이 내려서 누구 위에든지 머무는 것을 보거든 그가 곧 성령으로 세례를 베푸는 이인 줄 알라 하셨기에 내가 보고 그가 하나님의 아들이심을 증언하였노라"(요 1:32-34). 이처럼 성령이 예수님께 임했을 때, 예수님은 하나님이 사랑하고 기뻐하는 아들이심이 드러났다.

그러면 성령이 교회에 임할 때 무슨 일이 일어날까? 바울은 말한다. "너희는 다시 무서워하는 종의 영을 받지 아니하고 양자의 영을 받았으므로 우리가 아빠 아버지라고 부르짖느니라." 성령이 교회에 임할 때, 교회는 성령이 예수님께 임했을 때 드러난 예수님과 하나님의 관계에 참여하게 된다. 다시 말하면, 교회는 성자 예수님이 경험하신 성부 하나님과의 교제에 참여하게 된다. 그것이 "양자의 영을 받았으므로 우리가 아빠 아버지라고 부르짖느니라"는 말의 의미다.

성령의 증언 ✎

그러면 어떻게 이러한 일이 가능할까? 어떻게 양자의 영을 받은 우리가 아빠 아버지라 부르짖을 수 있게 되는 것일까? 바울은 이런 말로 설명한다. "성령이 친히 우리의 영과 더불어 우리가 하나님의 자녀인 것을 증언하시나니." 이것은 역시 현재 반복해서 일어나는 일을 말한다. "증언하시나니"는 "부르짖느니라"와 마찬가지로 현재시제다. 이때 "우리의 영"은 인간의 내적 차원을 가리킨다. 우리의 아들 됨에 대한 성령의 증언은 우리 존재의 내면에 영향을 주는 것이다. 그럴 때 우리는 하나님을 향해 아빠 아버지라고 부르짖게 된다.

갈라디아서 4장 6절에서 바울은 이렇게 말한 적이 있다. "너희가 아들이므로 하나님이 그 아들의 영을 우리 마음 가운데 보내사 아빠 아버지라 부르게 하셨느니라." 여기서 아빠 아버지라고 부르는 것은 우리가 아니라 그 아들의 영이다. 그에 비해 로마서 8장 15절에서 아빠 아버지라고 부르짖는 것은 우리다. "너희는 다시 무서워하는 종의 영을 받지 아니하고 양자의 영을 받았으므로 우리가 아빠 아버지라고 부르짖느니라." 그렇지만 여기에는 바로 이어서 설명이 추가된다. "성령이 친히 우리의 영과 더불어 우리가 하나님의 자녀인 것을 증언하시나니." 이것은 우리가 아빠 아버지라 부르짖는 것이 가능한 이유를 설명해 준다. 성령의 증언이 우리에게 영향을 주기 때문이다.

그러면 여기서 바울이 말하는 성령의 증언은 무엇일까? 그것은 성령의 직접적인 암시나 속삭임이 아니다. 이 점은 '증언하다'는 말이 로마서에서 어떻게 사용되는지를 보면 알 수 있다. "이런 이들은 그 양심이 증거가 되어 그 생각들이 서로 혹은 고발하며 혹은 변명하여 그 마음에 새긴 율법의 행위를 나타내느니라"(롬 2:15). 이것은 이방인들이 그들의 양심이 직접적으로 암시하거나 속삭임으로써 마음에 새긴 율법의 행위를 나타낸다는 뜻이 아니다. 이것은 이방인들이 그 생각들이 송사하거나 변명하는 과정을 통해서, 다시 말하면 양심의 작용을 통해서 마음에 새긴 율법의 행위를 나타낸다는 뜻이다.

또 "내가 그리스도 안에서 참말을 하고 거짓말을 아니하노라 나에게 큰 근심이 있는 것과 마음에 그치지 않는 고통이 있는 것을 내

양심이 성령 안에서 나와 더불어 증언하노니 나의 형제 곧 골육의 친척을 위하여 내 자신이 저주를 받아 그리스도에게서 끊어질지라도 원하는 바로라"(롬 9:1-3). 이것은 바울에게 큰 근심과 마음에 그치지 않는 고통이 있는 것은 그의 양심이 직접적으로 암시하거나 속삭인다는 뜻이 아니다. 이것은 형제 곧 골육의 친척을 위하여 자신이 저주를 받아 그리스도에게서 끊어질지라도 원하는 것을 통해 알 수 있다는 뜻이다. 이것은 성령의 증언이 양심에서 일어나는 강력한 소원을 통해 나타남을 의미한다.

따라서 본문에서 바울이 말하는 성령의 증언은, 우리가 하나님의 자녀임을 알게 하는 성령의 직접적인 암시나 속삭임을 말하지 않는다. 성령의 증언은 우리를 하나님의 자녀답게 행동하도록 만드는 성령의 감화다. 조나단 에드워즈는 여기에 대해 이렇게 설명한다.

속박의 영은 두려움으로 역사하며 종은 몽둥이를 무서워한다. 하지만 사랑은 '아바 아버지'라 부르짖으며, 우리가 하나님께 다가가서 하나님의 자녀로서 행하게 한다. 사랑은 우리가 하나님의 자녀로서 하나님과 연합되었다는 분명한 증거이며, 따라서 두려움을 내어쫓는다. 따라서 사도가 말씀하고 있는 성령의 증거는 어떤 속삭임이나, 직접적으로 생각나게 하는 것이나 직접적인 계시가 결코 아니다. 그것은 성도들의 마음속에서 성령이 은혜롭고 거룩한 영향을 주시는 것이며, 자녀가 지녀야 할 성향과 기질을 주는 것이고, 어린이 같은 달콤한 사랑으로 하나님 앞에 서는 것이다. 이것은 두려움이나 종의 영을 내몰아 버린다.[26]

이 설명은 사도 바울이 로마서 5장 5절에서 말한 내용과 일치

---

26 Jonathan Edwards, *The Works of Jonathan Edwards Vol. 2: Religious Affections*, 『신앙감정론』, 정성욱 역(서울: 부흥과개혁사, 2005), p.343. 이에 대한 에드워즈의 더 충분한 설명(p.334-336, p.340-342)을 살펴보는 것은 중요하다. "[성령의 증거(롬 8)라고 불리는 것이 신약성경의 다른 곳에서는 성령의 인이라고 불린다(고후 1:22; 엡 1:13; 4:13)] … 사람들은 증거라는 말을 자신들이 하나님의 자녀인 것을 주장할 근거를 주시기 위해 하나님의 영께서 그들의 마음에 행하시는 효과나 사역으로 이해하지 않고, 마치 하나님께서 비밀스러운 소리나 생각을 통해, 그가 당신의 자녀인 것을 내적으로 말씀하고 증거하는 방식으로 마음속에 생각나게 하는 현상이라고 이해했다. … 성경에서는 증거라는 단어를 종종 어떤 사실이 진실임을 선언하고 주장하는 것뿐만 아니라, 어떤 사실이 진실임을 논증하고 입증할 수 있는 근거를 제시한다는 의미로 사용했다. … 성경이 성령의 인치심을 말씀할 때, 그것은 직접적인 음성이나 떠오르는 현상을 의미하는 것이 아니라, 성령의 어떤 사역이나 감화를 의미한다. 이런 사역과 영향은 하나님께서 영혼에 남기시는 신적인 표지로서 하나님의 자녀인지 아닌지를 알게 해주는 증거다. … 성령의 인이 어떤 사실을 직접 떠오르게 하는 현상으로 제시되는 것이 아니라, 영혼 안에 있는 은혜 자체라는 사실을 완벽하게 증거하는 또 하나의 사실은 성경에서 성령의 인을 성령의 보증(earnest)으로 부른다는 데 있다. … 보증이라는 것은 때가 되면 모든 것을 다 갚겠다는 표시로, 합의된 돈의 일부를 미리 주는 것이며, 또한 장차 전체를 완전히 소유할 것을 표시하는 행위로 지금 약속한 유업을 일부 지불하는 것이다. 확실히 그런 식으로 성령을 주시는 것은 영원한 영광의 본성을 전달하는 것이다. … 택한 백성을 위해 그리스도께서 사신 기업은 하나님의 영이시다. 그것은 어떤 특이한 은사들이 아니라 성도의 마음속에 생명력 있게 내주하시면서, 마음속에서 역사하시며 하나님의 고유하고 거룩한 신적인 본성을 전달하시는 것이다. … 성도 안에서 성령이 생명력 있게 내주하시되 약한 정도로 그리고 작은 시작의 정도로 내주하시는 것이 바로 성령의 보증이며, 장차 받을 유업의 보증이고 사도들이 성령의 처음 익은 열매라고 부른 것이다. … 그러므로 성령의 인과 같은 것으로 입증된 성령의 보증과 성령의 처음 익은 열매는 생명력 있고 은혜로우며 거룩하게 하는 성령의 감화와 교통이다. 또 성령은 어떤 사실들을 직접적으로 생각나게 하는 현상이나 계시가 아니다."

한다. "우리에게 주신 성령으로 말미암아 하나님의 사랑이 우리 마음에 부은 바 됨이니." 이런 식으로 성령은 양자의 영으로서 우리를 예수님과 성부 하나님의 관계에 참여하게 하신다. 그럴 때 우리는 사도 요한이 말한 사귐(교제, 코이노니아)을 맛보게 된다. "이 생명이 나타내신 바 된지라 이 영원한 생명을 우리가 보았고 증언하여 너희에게 전하노니 이는 아버지와 함께 계시다가 우리에게 나타내신 바 된 이시니라 우리가 보고 들은 바를 너희에게도 전함은 너희로 우리와 사귐이 있게 하려 함이니 우리의 사귐은 아버지와 그의 아들 예수 그리스도와 더불어 누림이라"(요일 1:2-3). 이러한 사귐은 성령에 의해서 가능하다.

18세기 웨일즈 부흥의 도구로 쓰임받은 사람들 가운데 하나인 하웰 해리스는 스물한 살에 회심했다. 그는 그 무렵 자신이 겪은 일을 이렇게 기록했다.

1735년 6월 18일, 은밀히 골방에서 기도하던 중에 나는 불현듯 내 심령이 깊숙한 곳부터 녹아내리는 것을 느꼈다. 마치 촛농이 녹아내리듯 내 심령은 하나님, 내 구주에 대한 사랑으로 녹아내리고 있었다. 나는 사랑과 평안뿐 아니라 그리스도 안으로 녹아서 그분과 하나가 되고 싶었다. 그러자 영혼 깊은 곳에서 한 부르짖음이 울려 나왔다. 그것은 내가 전혀 알지 못했던 부르짖음이었는데 그것은 바로 '아바 아버지, 아바 아버지!'라는 외침이었다.

나는 내가 그분의 자녀라는 것과 그분께서 나를 사랑하신다는 것도 깊이 깨달았다. 내 영혼은 충만함과 온전한 만족감 속에서 부르짖었다. '그것으로 충분합니다. 저는 만족합니다. 제게 힘을 주십시오. 그러면 불과 물이 가로막아도 당신을 따르겠나이다.' 나는 진정 행복하다고 말할 수 있었다.[27]

예수님이 십자가에 달리시기 전에 드린 기도는 우리를 예수님과 성부 하나님의 관계에 참여하게 하는 것이었다. 그것은 사랑의 관계다. "나는 세상에 더 있지 아니하오나 그들은 세상에 있사옵고 나는 아버지께로 가옵나니 거룩하신 아버지여 내게 주신 아버지의 이름으로 그들을 보전하사 우리와 같이 그들도 하나가 되게 하옵소서 … 아버지여, 아버지께서 내 안에, 내가 아버지 안에 있는 것 같이 그들도 다 하나가 되어 우리 안에 있게 하사 세상으로 아버지께서 나를 보내신 것을 믿게 하옵소서 내게 주신 영광을 내가 그들에게 주었사오니 이는 우리가 하나가 된 것 같이 그들도 하나가 되게 하려 함이

27 Edward Morgan, *The Life and Times of Howell Harris*, 『하웰 해리스: 삶과 부흥 소명』, 송용자 역(서울: 지평서원, 2007), p.32.

니이다 곧 내가 그들 안에 있고 아버지께서 내 안에 계시어 그들로 온전함을 이루어 하나가 되게 하려 함은 아버지께서 나를 보내신 것과 또 나를 사랑하심 같이 그들도 사랑하신 것을 세상으로 알게 하려 함이로소이다 아버지여 내게 주신 자도 나 있는 곳에 나와 함께 있어 아버지께서 창세 전부터 나를 사랑하시므로 내게 주신 나의 영광을 그들로 보게 하시기를 원하옵나이다 의로우신 아버지여 세상이 아버지를 알지 못하여도 나는 아버지를 알았사옵고 그들도 아버지께서 나를 보내신 줄 알았사옵나이다 내가 아버지의 이름을 그들에게 알게 하였고 또 알게 하리니 이는 나를 사랑하신 사랑이 그들 안에 있고 나도 그들 안에 있게 하려 함이니이다"(요 17:11, 21-26). 성령은 이러한 사랑의 관계에 우리를 참여하게 하신다.

우리는 성령에 대해 생각할 때, 우선적으로 성령의 은사와 능력에 관심을 갖는다. 그러나 성경은 그 이전에 더 중요한 성령의 활동이 있음을 보여준다. 그것은 우리로 하여금 예수님과 성부 하나님의 관계에 참여케 하시는 "성령의 교통하심"(고후 13:13)[28]이다.

---

28 퍼거슨은 이에 대해 이렇게 말한다. "여기서 바울이 소유격(*tou hagiou pneumatos*)을 사용하는 것은 우리에게 행복한 문제점을 제기한다. 곧 성령의 교통이란 성령이 교통의 파트너임을 일컫는지 혹은 성령이 교통을 창조해내는 주체인지의 문제다. ⋯ 우리가 체험하는 교통은, 성령이 그리스도의 교회 내에서 복음으로 말미암는 복들 가운데서 창조하는 것으로서 성령과의 교통 안에서 이루어진다. 이것들은 보통 서로 분리할 수 없다." 싱클레어 퍼거슨, 『성령』, pp.201-202.

CHAPTER
12

성령의 조명

———

"우리가 세상의 영을 받지 아니하고 오직 하나님으로부터 온 영을 받았으니 이는 우리로 하여금 하나님께서 우리에게 은혜로 주신 것들을 알게 하려 하심이라 우리가 이것을 말하거니와 사람의 지혜가 가르친 말로 아니하고 오직 성령께서 가르치신 것으로 하니 영적인 일은 영적인 것으로 분별하느니라" **_ 고전 2:12-13**

사도 바울은 그리스도인이 성령 받은 것을 "우리가 세상의 영을 받지 아니하고 오직 하나님으로부터 온 영을 받았으니"라고 말했다. 바울은 11절에서 "하나님의 영"이라는 표현을 이미 사용했다. 그런데 12절에서는 "하나님의 영" 대신 "하나님으로부터 온 영"이라는 표현을 썼다. 그 이유는 "세상의 영"과 "하나님의 영"의 대조를

피하기 위해서다. 바울은 "세상의 영"과 "하나님의 영"이라는 두 가지 영이 있음을 말한 게 아니다. 성령에 대해서만 말한 것이다. 그는 성령이 "하나님으로부터 온" 점을 강조하려고 "세상의 영이 아닌 하나님으로부터 온 영"이라는 표현을 쓴 것이다.

성령의 이중 작용 ❧

바울이 이같이 성령이 "하나님으로부터 온" 점을 강조한 이유가 있다. 이어지는 내용과의 연결을 보여주기 위함이다. 이어지는 내용은 이렇다. "이는 우리로 하여금 하나님께서 우리에게 은혜로 주신 것들을 알게 하려 하심이라." 여기에도 "하나님"이 언급된다. 그래서 "하나님으로부터 온 영"은 "하나님께서 우리에게 은혜로 주신 것들"과 연결된다. 여기서 바울이 말하고 싶은 것은 이것이다. 우리는 "하나님께서 우리에게 은혜로 주신 것들"을 "하나님으로부터 온 영"에 의해서만 알게 된다는 사실이다.

이때 "하나님께서 우리에게 은혜로 주신 것들"은 9절에서 말한 "하나님이 자기를 사랑하는 자들을 위하여 예비하신 모든 것"을 가리킨다. "기록된 바 하나님이 자기를 사랑하는 자들을 위하여 예비하신 모든 것은 눈으로 보지 못하고 귀로 듣지 못하고 사람의 마음으로 생각하지도 못하였다 함과 같으니라." 그리고 "하나님이 자기를 사랑하는 자들을 위하여 예비하신 모든 것"은 다시 7절에서 말한 "은밀한 가운데 있는 하나님의 지혜 … 곧 감추어졌던 것"을 가리킨다. "눈으로 보지 못하고 귀로 듣지 못하고 사람의 마음으로 생각하지도 못하였다"는 것은 그것이 "은밀한 가운데 있는 … 곧 감추어졌던" 것임을 말해 준다.

그러면 이 "하나님의 지혜"는 무엇일까? 그것은 1장 23-24절을 보면 알 수 있다. "우리는 십자가에 못 박힌 그리스도를 전하니 유대인에게는 거리끼는 것이요 이방인에게는 미련한 것이로되 오직 부르심을 받은 자들에게는 유대인이나 헬라인이나 그리스도는 하나님의 능력이요 하나님의 지혜니라." "하나님의 지혜"는 그리스도 특히 "십자가에 못 박힌 그리스도"를 말한다. 이것은 사도 바울이 전한 복음의 내용이다.

사도 바울은 이 내용을 고린도전서 앞부분에서 여러 번 반복해 언급한다. "그리스도께서 어찌 나뉘었느냐 바울이 너희를 위하여 십자가에 못 박혔으며 바울의 이름으로 너희가 세례를 받았느냐 … 그리스도께서 나를 보내심은 세례를 베풀게 하려 하심이 아니요 오직 복음을 전하게 하려 하심이로되 말의 지혜로 하지 아니함은 그리스도의 십자가가 헛되지 않게 하려 함이라"(고전 1:13, 17). "십자가의 도가 멸망하는 자들에게는 미련한 것이요 구원을 받는 우리에게는 하나님의 능력이라"(고전 1:18). "우리는 십자가에 못 박힌 그리스도를 전하니 유대인에게는 거리끼는 것이요 이방인에게는 미련한 것이로되"(고전 1:23). "형제들아 내가 너희에게 나아가 하나님의 증거를 전할 때에 말과 지혜의 아름다운 것으로 아니하였나니 내가 너희 중에서 예수 그리스도와 그가 십자가에 못 박히신 것 외에는 아무 것도 알지 아니하기로 작정하였음이라"(고전 2:1-2). "이 지혜는 이 세대의 통치자들이 한 사람도 알지 못하였나니 만일 알았더라면 영광의 주를 십자가에 못 박지 아니하였으리라"(고전 2:8).

그러므로 바울이 말한 "하나님께서 우리에게 은혜로 주신 것들"은 바로 이 복음의 내용, 즉 십자가에 못 박힌 그리스도를 가리킨다. 이것은 "은혜로 주신"(카리조마이)이라는 말이 사용된 경우를 보면 확인된다. 바울은 이 말을 복음과 관련해 사용하곤 했다.

첫째, "자기 아들을 아끼지 아니하시고 우리 모든 사람을 위하여 내주신 이가 어찌 그 아들과 함께 모든 것을 우리에게 주시지 아니하겠느냐"(롬 8:32). 여기서 "주시지"(카리조마이, 개역한글: 은사로 주지)라는 말은 "자기 아들을 아끼지 아니하시고 우리 모든 사람을 위하여 내주신" 것, 즉 복음과 결부되어 사용되었다.

둘째, "만일 그 유업이 율법에서 난 것이면 약속에서 난 것이 아니리라 그러나 하나님이 약속으로 말미암아 아브라함에게 주신[개역한글: 은혜로 주신] 것이라"(갈 3:18). 여기서 하나님이 아브라함에게 "[은혜로] 주신" 것은 "유업"이다. 이 유업은 그리스도 안에서 얻게 되는 것으로서 복음과 관련된 것이다. "너희가 그리스도의 것이면 곧 아브라함의 자손이요 약속대로 유업을 이을 자니라"(갈 3:29).

셋째, "그리스도를 위하여 너희에게 은혜를 주신 것은 다만 그를 믿을 뿐 아니라 또한 그를 위하여 고난도 받게 하려 하심이라"(빌 1:29). 여기서 "은혜를 주신"(카리조마이) 것은 '그리스도를 위한 것'으로서 '그를 믿는 것과 그를 위하여 고난도 받는 것'을 말한다. 이것은 복음과 관련된 것이다.

그러므로 바울이 말한 "하나님께서 우리에게 은혜로 주신 것들"은 바로 이 복음의 내용을 가리킨다. 중요한 것은, 우리가 성령을 받은 목적이 바로 이 복음의 내용을 알게 하려는 데 있다는 사실이다. "우리가 세상의 영을 받지 아니하고 오직 하나님으로부터 온 영을 받았으니 이는 우리로 하여금 하나님께서 우리에게 은혜로 주신 것들을 알게 하려 하심이라."

이처럼 바울이 말한 "하나님께서 우리에게 은혜로 주신 것들"은 "하나님의 지혜"이고, "[십자가에 못 박힌] 그리스도"이고, 바울이 전한 복음의 내용이다. 그런데 이것을 알게 하는 분이 바로 성령이다.

어기서 바울은 "하나님께서 우리에게 은혜로 주신 것들"에 대한 설명을 추가한다. "우리가 이것을 말하거니와 사람의 지혜가 가르친 말로 아니하고 오직 성령께서 가르치신 것으로 하니." 여기 "이것"은 앞에 나온 "하나님께서 우리에게 은혜로 주신 것들"을 가리킨다. 그리고 "말하거니와"라는 말은 앞에서 이미 사용되었다. "그러나 우리가 온전한 자들 중에서는 지혜를 말하노니 이는 이 세상의 지혜가 아니요 또 이 세상에서 없어질 통치자들의 지혜도 아니요 오직 은밀한 가운데 있는 하나님의 지혜를 말하는 것으로서 곧 감추어졌던 것인데 하나님이 우리의 영광을 위하여 만세 전에 미리 정하신 것이라"(고전 2:6-7). 여기서도 "하나님께서 우리에게 은혜로 주신 것들"은 사실상 "은밀한 가운데 있는 하나님의 지혜 … 곧 감추어졌던 것"과 같은 것임이 드러난다.

중요한 것은, 바울이 이것을 말할 때 '사람의 지혜가 가르친 말로 아니하고 오직 성령께서 가르치신 것으로 한다'는 점이다. 이것은 바울이 앞에서 말한 사실을 다시 언급한 것이다. "형제들아 내가 너희에게 나아가 하나님의 증거를 전할 때에 말과 지혜의 아름다운 것으로 아니하였나니 … 내 말과 내 전도함이 설득력 있는 지혜의 말로 하지 아니하고 다만 성령의 나타나심과 능력으로 하여"(고전 2:1, 4).

이로써 바울은 성령의 작용이 이중적임을 보여준다. "하나님께서 우리에게 은혜로 주신 것들"을 말하는 사람은 "성령께서 가르치신 것으로" 말한다. 또 "하나님께서 우리에게 은혜로 주신 것들"을 아는 사람은 "하나님으로부터 온 영" 즉 성령을 통해서 안다. 이처럼 성령은 복음을 전하는 자와 듣는 자 양편 모두에 역사하신다. 그럴 때 회심이 일어난다. 성령께서 어느 한 편에만 역사하시는 것으로는 회심이 일어나지 않는다.

새로운 영적 감각 ❧

여기에 바울은 이런 말을 덧붙인다. "영적인 일은 영적인 것으로 분별하느니라." 앞에 나온 "영적인 일"(대격, 중성)은 "이것" 즉 "하나님께서 우리에게 은혜로 주신 것들"을 가리킨다. 바울이 이것을 가리켜 "영적인 일"로 부른 이유는 이것이 "성령께서 가르치신 것"이기 때문이다. 따라서 앞에 나온 "영적인 일"은 사람이 아닌 사물에 대한 묘사다.

그에 비해 뒤에 나온 "영적인 것"(여격)은 사람에 대한 묘사다. 이 말은 앞에서 "우리가 세상의 영을 받지 아니하고 오직 하나님으로부터 온 영을 받았으니"라고 말한 것과 관련된 것이다. 따라서 이 말은 성령을 받은 사람(남성)이거나 그런 사람의 능력(중성)을 가리킨다.

그리고 "분별하느니라"는 말은 "해석하느니라"로 바꿀 수 있다. 칠십인역 성경에서 이 말은 주로 해석하다라는 의미로 사용되었기 때문이다. 그렇다면 바울이 말한 것은 '영적인 일을 영적인 사람들에게 해석한다' 또는 '영적인 일을 영적인 능력으로 해석한다'는 의미가 된다.

여기서 바울이 어떤 문맥에서 이 말을 하는지 살펴볼 필요가 있다. 고린도전서 1장 17절부터 이어지는 내용에서, 바울의 관심은 복음을 말하는 사람이 누구에게 말하는지에 있지 않다. 바울의 관심은 복음을 듣는 사람이 어떻게 그 내용을 이해하는지에 있다. 앞에서 살펴본 대로, 복음은 유대인에게는 거리끼는 것이요 이방인에게는 미련한 것인 반면, 부르심을 입은 자들에게는 하나님의 지혜다(고전 1:23-24). 그 이유가 무엇일까? 같은 복음을 들어도 성령을 받은 사람만이 복음을 이해할 수 있기 때문이다.

이처럼 바울의 관심은 복음을 말하는 사람이 아니라 복음을 듣는 사람에게 있다. 따라서 그가 말한 것은 '영적인 일을 영적인 사람들에게 해석한다'가 아니라 '영적인 일을 영적인 능력으로 해석한다'는 의미다.

이러한 이해는 뒤따르는 내용을 통해서 확인된다. "육에 속한 사람은 하나님의 성령의 일들을 받지 아니하나니 이는 그것들이 그에게는 어리석게 보임이요, 또 그는 그것들을 알 수도 없나니 그러한 일은 영적으로 분별되기 때문이라"(14절). 여기 "육에 속한 사람"은 믿지 않는 사람을 말한다. 이 말은 15절에 나오는 "신령한 자"와 대조되어 성령을 받지 못한 사람을 의미한다. 이런 사람은 하나님의 성령의 일들을 받지 않는다. 여기 "하나님의 성령의 일들"은 13절에서 말한 "영적인 일"과 같은 것이다.

그런데 이렇게 육에 속한 사람이 하나님의 성령의 일을 받지 않는 이유가 있다. "그에게는 어리석게 보임이요"가 바로 그 이유다. 육에 속한 사람에게는 하나님의 성령의 일이 어리석게 보인다는 것이다. 이것은 앞에서 말한 것과 일치한다. "십자가의 도가 멸망하는 자들에게는 미련한 것이요"(고전 1:18). "우리는 십자가에 못 박힌 그리스도를 전하니 … 이방인에게는 미련한 것이로되"(고전 1:23). 육에 속한 사람이 하나님의 성령의 일을 받지 않는 이유는 그것이 그들에게는 미련한 것이기 때문이다.

그렇지만 바울은 육에 속한 사람에 대해 이렇게만 말하지 않는다. 바울은 그 사람에 대해 더 근본적인 문제를 지적한다. "또 그는 그것들을 알 수도 없나니 그러한 일은 영적으로 분별되기 때문이라." 이것은 육에 속한 사람에게 하나님의 성령의 일이 미련하게 보이는 이유를 설명해 준다. 육에 속한 사람은 하나님의 성령의 일을 받지 않을 뿐 아니라 깨닫지도 못한다. 이것은 육에 속한 사람에게 하나님의 성령의 일을 깨달을 수 있는 능력이 없음을 강조한다. 그러면서 그 이유를 말한다. "그러한 일은 영적으로 분별되기 때문이라." 하나님의 성령의 일은 영적으로 분별되기 때문이라는 것이다. 이 말은 앞에서 말한 "영적인 일은 영적인 것으로 분별하느니라"와 의미상 일치한다. 또 "하나님께서 우리에게 은혜로 주신 것들"을 "하나님으로부터 온 영"에 의해 알게 되는 것과도 의미상 일치한다.

"영적인 일은 영적인 것으로 분별하느니라." 우리는 이것을 가리켜 성령의 조명이라고 말한다. 인간은 죄로 인해 영적 어두움에 처해 있다(롬 1:21; 엡 4:18; 요일 2:11). 그래서 인간은 아무리 "영적인 일"을 말해 주어도 스스로 그것을 알 수 없다. 그것을 알려면 먼저 그에게 있는 영적 어두움을 처리해야 한다. 여기에 작용하는 것이 바로 성령의 조명이다. 아키발드 알렉산더는 이 작용을 이렇게 설명한다.

사물을 분간하기 위해서는 언제나 두 가지 요소가 필요하다. 빛이라는 매개체와 건전한 눈이다. 둘 중 하나만 없어도 그 외 다른 하나는 아무 소용이 없다. 그러나 그 두 요소가 다 있을 때, 눈에 보이는 세계 속에 나타난 자연의 아름다움과 하나님의 영광을 기쁨으로 본다. 영적인 세계에서도 마찬가지다. 진리가 필요하다. 그러나 이지가 진리의 아름다움과 영광을 지각할 수 있는 상태에 있지 않다면 그 진리를 듣거나 읽거나 깊이 생각해도 변화하는 효력은 하나도 얻을 수 없으며, 그 마음의 성향이 하나님을 향하지도 못하고, 이기적이고 감관적인 소욕의 힘을 제어하지도 못한다. 지각하는 존재에게 결함이 있으니, 그것을 해소할 신적 능력의 작용이 반드시 있어야 한다. 그것이 바로 중생이다.[29]

워필드는 칼빈이 말한 성령의 증언에 대해 설명하면서 이렇게 말한다. "구체적으로 말해서, 성령께서 인간의 영혼 안에서 비밀스럽고도 내적인 사역을 하실 경우 생기는 결과는 새로운 영적 감각(I.vii.5)이다."[30] 이것이 성령의 조명에서 일어나는 핵심적인 변화다. 이러한 변화를 보여주는 한 예로 루디아를 들 수 있다. "두아디라 시에 있는 자색 옷감 장사로서 하나님을 섬기는 루디아라 하는 한

---

29 Archibald Alexander, *Thoughts on Religious Experience*, 『영적 체험: 회심에서 임종까지』, 서문강 역(서울: 지평서원, 1987), p.84.

30 Benjamin B. Warfield, *Calvin*, 『칼뱅』, 이경직 · 김상엽 역(서울: 새물결플러스, 2015), p.110.

어자가 말을 듣고 있을 때 주께서 그 마음을 열어 바울의 말을 따르게 하신지라"(행 16:14). 이 새로운 영적 감각에 대해 에드워즈는 이렇게 설명한다.

성도들과 그들에게 있는 미덕들을 영적이라고 부르는 또 다른 이유는 성도들의 영혼 속에 생명의 원리로 내주하시는 하나님의 영이, 자신의 고유한 본성으로 역사하시고 자신을 전달함으로써 열매를 맺기 때문이다. … 비록 성령은 여러 방식으로 거듭나지 못한 사람들에게 영향을 줄 수 있지만, 결코 그들에게 당신의 고유한 본성을 주시지는 않으신다. … 그러므로 하나님의 성령이 역사하시는 구원 사역을 통해 성도들의 마음에서 일어나는 은혜의 역사와 은혜로운 감정 속에는 마음을 새롭게 하는 내적인 지각이나 감각이 있는데, 이것은 그들이 거룩해지기 전에 그들이 마음으로 체험했던 어떤 것과도 그 성질과 종류가 완전히 다른 것이다. … 이 새로운 영적 감각 그리고 그것에 동반되는 새로운 성향들은 새로운 감각 가능(faculties)이 아니라 본성의 새 원리(principles)다. … 이 새로운 영적 감각은 지성에 속한 새로운 감각 기능이 아니라, 지성이라는 같은 기능이 새로운 작용을 할 수 있도록 하는, 영혼의 본성 안

에 있는 새로운 기초다.[31]

여기 성령께서 성도들의 영혼 속에 역사하실 때 "자신의 고유한 본성으로 역사하시고 자신을 전달"하신다는 점에 주목하라. 거듭나지 못한 사람들에게는 결코 그와 같은 방식으로 역사하시지 않는다. 그러기에 이때 주어지는 새로운 영적 감각을 '본성의 새 원리' 또는 '영혼의 본성 안에 있는 새로운 기초'라고 일컫는다.

따라서 우리는 성령의 조명을 구하고 의지해야 한다. 이것은 죄가 초래한 지적 도덕적 어두움을 해소하고 마음의 감각을 회복하는 것을 말한다. 바울은 성도들을 위해 이러한 성령의 조명을 구했다. "우리 주 예수 그리스도의 하나님, 영광의 아버지께서 지혜와 계시의 영을 너희에게 주사 하나님을 알게 하시고 너희 마음의 눈을 밝히사 그의 부르심의 소망이 무엇이며 성도 안에서 그 기업의 영광의 풍성함이 무엇이며 그의 힘의 위력으로 역사하심을 따라 믿는 우리에게 베푸신 능력의 지극히 크심이 어떠한 것을 너희로 알게 하시기를 구하노라"(엡 1:17-19). "이로써 우리도 듣던 날부터 너희를 위하여 기도하기를 그치지 아니하고 구하노니 너희로 하여금 모

---

31 조나단 에드워즈, 『신앙감정론』, 정성욱 역(서울: 부흥과개혁사, 2005), pp.297-298, 302, 304.

든 신령한 지혜와 총명에 하나님의 뜻을 아는 것으로 채우게 하시고"(골 1:9). 우리도 이런 말로 성령의 조명을 구해야 한다. "내 눈을 열어서 주의 율법에서 놀라운 것을 보게 하소서"(시 119:18).

CHAPTER
13

성령과 하나님의 말씀

——

"이는 우리 복음이 너희에게 말로만 이른 것이 아니라 또한 능력과 성령과 큰 확신으로 된 것임이라 우리가 너희 가운데서 너희를 위하여 어떤 사람이 된 것은 너희가 아는 바와 같으니라 또 너희는 많은 환난 가운데서 성령의 기쁨으로 말씀을 받아 우리와 주를 본받은 자가 되었으니" **_ 살전 1:5-6**

"이는 우리 복음이 너희에게 말로만 이른 것이 아니라 또한 능력과 성령과 큰 확신으로 된 것임이라 우리가 너희 가운데서 너희를 위하여 어떤 사람이 된 것은 너희가 아는 바와 같으니라 또 너희는 많은 환난 가운데서 성령의 기쁨으로 말씀을 받아 우리와 주를 본받은 자가 되었으니" **_ 살전 2:13-14**

바울은 데살로니가교회에 편지를 쓸 때 먼저 과거를 회고하며 글을 썼다. 그 내용이 데살로니가전서 1장 2절부터 2장 16절까지 이어진다. 여기서 그는 복음이 어떻게 자신을 통해 데살로니가에 전파되었는지를 말한다. 그래서 그중에는 바울이 전한 복음이 반복해서 언급된다. "우리 복음"(1:5), "말씀"(1:6), "주의 말씀"(1:8), "하나님의 복음"(2:2), "복음"(2:4), "하나님의 복음"(2:8), "하나님의 복음"(2:9), "하나님의 말씀"(2회)과 "말씀"(2:13).

이 내용은 하나님께 대한 감사로 시작해서 감사로 끝난다. "우리가 너희 모두로 말미암아 항상 하나님께 감사하며"(1:2). "이러므로 우리가 하나님께 끊임없이 감사함은"(2:13). 이때 바울이 감사하는 내용은 바울이 전한 복음에 대한 데살로니가 성도들의 반응이다.

말씀과 성령 ❧

첫 번째 감사에서 바울이 전한 복음에 대한 데살로니가 성도들의 반응은 1장 5-6절에 나타난다. 5절은 바울과 실라와 디모데("우리")가 복음을 전한 사실을 말한다. "이는 우리 복음이 너희에게 말로만 이른 것이 아니라 또한 능력과 성령과 큰 확신으로 된 것임이라 우리가 너희 가운데서 너희를 위하여 어떤 사람이 된 것은 너희가 아는 바와 같으니라." 6절은 이들이 전한 복음에 대해 데살로 니가 성도들("너희")이 보인 반응을 말한다. "또 너희는 많은 환난 가 운데서 성령의 기쁨으로 말씀을 받아 우리와 주를 본받은 자가 되 었으니."

두 번째 감사에서 바울이 전한 복음에 대한 데살로니가 성도들 의 반응은 2장 13-14절에 나타난다. 여기서도 바울은 "너희가 우리 에게 들은 바 하나님의 말씀을 받을 때에"라고 말함으로써 자신과 실라와 디모데가 복음을 전한 사실을 말한다. 또 그는 이 복음에 대 해 데살로니가 성도들이 보인 반응을 이렇게 말한다. "사람의 말로 받지 아니하고 하나님의 말씀으로 받음이니 진실로 그러하도다 이 말씀이 또한 너희 믿는 자 가운데에서 역사하느니라."

주목할 것은, 이 두 곳에서 바울이 같은 표현을 사용한 점이다. 그것은 "말씀[로고스]을 받아[데코마이]"(1:6)와 "하나님의 말씀[로고 스]으로 받음이니[데코마이]"(2:13)라는 표현이다. 이와 함께 두 곳에 는 몇 가지 공통된 내용이 나타난다. 첫째는 바울의 전도에 대한 언 급이다. "이는 우리 복음이 너희에게 말로만 이른 것이 아니라 또한 능력과 성령과 큰 확신으로 된 것임이라 우리가 너희 가운데서 너 희를 위하여 어떤 사람이 된 것은 너희가 아는 바와 같으니라"(1:5). "너희가 우리에게 들은 바 하나님의 말씀을 받을 때에"(2:13중). 둘째는 환난 또는 고난에 대한 언급이다. "또 너희는 많은 환난 가운데서"(1:6상). "그들이 유대인들에게 고난을 받음과 같이 너희도 너희 동족에게서 동일한 고난을 받았느니라"(2:14하). 셋째는 본받은 자가 되었다는 언급이다. "우리와 주를 본받은 자가 되었으니"(1:6하). "형제들아 너희가 그리스도 예수 안에서 유대에 있는 하나님의 교회들을 본받은 자 되었으니"(2:14상). 여기서 전자의 의미는 후자에 비추어 볼 때 데살로니가 성도들에게도 환난이 있었음을 의미한다.

따라서 "우리 복음이 너희에게 말로만 이른 것이 아니라 또한 능력과 성령과 큰 확신으로 된 것임이라"는 말은 "너희가 우리에게 들은 바 하나님의 말씀을 받을 때에"라는 말과 같은 의미다. 또 "성령의 기쁨으로 말씀을 받아"라는 말은 "사람의 말로 받지 아니하고 하나님의 말씀으로 받음이니"라는 말과 같은 의미다.

바울은 복음을 "하나님의 말씀"으로 전했고, 데살로니가 성도들은 그것을 "하나님의 말씀"으로 받았다. 그들이 이렇게 할 수 있었던 이유는 성령의 역사 때문이다. 바울은 "능력과 성령과 큰 확신으로" 복음을 전했고, 데살로니가 성도들은 "성령의 기쁨으로" 그 복음을 받았다. 그럴 때 성령의 역사는 하나님의 말씀과 함께, 하나님의 말씀을 통해 나타났다. 바울은 특히 하나님의 말씀을 통해 나타난 성령의 역사를 "이 말씀이 또한 너희 믿는 자 가운데에서 역사하느니라"며 강조한다.

말씀을 전하는 자와 성령 ❧

이처럼 성령의 역사는 하나님의 말씀과 함께, 하나님의 말씀을 통해 나타난다. 성경에서 이 사실을 잘 보여주는 책이 사도행전이다. 사도행전에서 제자들은 오순절 성령 강림 후에 성령의 권능으로 복음을 전파하기 시작했다. 그 결과는 다섯 번의 요약적인 기록을 통해 나타난다. 그 가운데 두 번은 교회의 영적 신앙적 상태를 말하고(행 9:31; 16:5), 나머지 세 번은 말씀의 흥왕함을 말한다. "하나님의 말씀이 점점 왕성하여[=흥왕하여] 예루살렘에 있는 제자의 수가 더 심히 많아지고 허다한 제사장의 무리도 이 도에 복종하니라"(행 6:7). "하나님의 말씀은 흥왕하여 더하더라"(행 12:24). "이와 같이 주의 말씀이 힘이 있어 흥왕하여 세력을 얻으니라"(행 19:20).

이처럼 제자들이 성령의 권능을 받고 복음을 전파한 결과 말씀의 흥왕함을 이루었다. 그들이 받은 권능은 단지 이적과 표적을 행하는 것으로만 나타난 것이 아니다. 사실, 그들이 행한 이적과 표적은 하나님의 말씀을 증언하기 위한 것이었다. 그래서 제자들이 받은 성령의 권능이 결국에는 말씀의 흥왕함으로 드러난 것이다.

사도행전 4장에는 이 사실을 확인시켜준 사건이 나온다. 그것은 제자들이 처음으로 박해받은 장면이다. 그때 베드로와 요한은 공회에 잡혀갔다가 "도무지 예수의 이름으로 말하지도 말고 가르치지도 말라"(행 4:18)는 위협을 받고 풀려난다. 그들은 더 이상 하나님의 말씀을 전할 수 없게 된 것이다. 그때 그들은 동료들과 모여 기도했다. "주여 이제도 그들의 위협함을 굽어보시옵고 또 종들로 하여금 담대히 하나님의 말씀을 전하게 하여 주시오며"(행 4:29). 그들의 기도는 즉시 응답받았다. "빌기를 다하매 모인 곳이 진동하더니 무리가 다 성령이 충만하여 담대히 하나님의 말씀을 전하니라"(행 4:31). 여기 보면, 그들은 기도한 대로 다시 담대히 하나님의 말씀을 전하게 된다. 그런데 그렇게 된 이유가 무엇일까? 그들이 새롭게 "성령이 충만하여"졌기 때문이다. 이 성령의 권능으로 공회의 위협 속에서도 담대히 하나님의 말씀을 전하게 된 것이다. 그래서 이어서 이런 말씀이 나온다. "사도들이 큰 권능으로 주 예수의 부활을 증언하니 무리가 큰 은혜를 받아"(행 4:33).

오늘날도 우리는 이렇게 하나님의 말씀과 함께, 하나님의 말씀을 통해 나타나는 성령의 권능을 경험할 수 있다. 빌리 그레이엄은 성경을 하나님의 말씀으로 전하면서부터 나타난 능력을 이렇게 들려

준다.

내가 믿음으로 성경을 권위 있는 하나님의 말씀으로 받아들였을 때, 나는 그것이 내 손에서 불꽃이 되는 것을 곧바로 발견했다. 그 불꽃은 많은 사람들의 마음속에 있는 불신을 녹여 없앴고, 그들을 움직여 그리스도를 위해 결단하게 했다.

그 말씀은 해머가 되어, 돌 같은 심령들을 깨뜨렸고 사람들로 하나님을 닮아가게 했다. 하나님은 이렇게 말씀하시지 않았는가? "내가 네 입에 있는 나의 말로 불이 되게 하고"(렘 5:14), "내 말이 불같지 아니하냐 반석을 쳐서 부스러뜨리는 방망이 같지 아니하냐"(렘 23:29).

나는 간략한 개요를 설정하고 나서 각 사항마다 여러 성경 구절을 인용할 수 있었고, 하나님이 그것을 강력하게 사용하사 사람들로 하여금 그리스도께 온전히 헌신하게 만드셨다. 나는 재치, 화술, 심리적 기법, 적절한 예화, 유명한 사람들로부터의 인용 등에 의존하지 않아도 되었다. 나는 점점 더 성경 그 자체에 의존하기 시작했고 하나님은 그것을 축복하셨다.[32]

---

32 John MacArthur, Jr., *How to Get the Most from God's Word*, 『성경 깊이 알기』, 김태곤 역 (서울: 생명의말씀사, 2000), pp.72-73에서 재인용.

성령의 내적 증언 ∿

그렇지만 성령의 역사는 하나님의 말씀을 전하는 자에게만 나타나는 것이 아니다. 이 역사는 하나님의 말씀을 읽는 자와 듣는 자에게도 나타난다. 데살로니가 성도들은 바울을 통해 복음을 들을 때 성령의 기쁨을 경험했다. 이러한 기쁨을 경험한 사람들이 사도행전에 몇 차례 나온다.

우선, 에디오피아 내시가 있다. 그는 성령의 지시를 받은 빌립을 통해 복음을 듣고 세례를 받는다. "빌립이 입을 열어 이 글에서 시작하여 예수를 가르쳐 복음을 전하니 길 가다가 물 있는 곳에 이르러 그 내시가 말하되 보라 물이 있으니 내가 세례를 받음에 무슨 거리낌이 있느냐 이에 명하여 수레를 멈추고 빌립과 내시가 둘 다 물에 내려가 빌립이 세례를 베풀고 둘이 물에서 올라올새 주의 영이 빌립을 이끌어간지라 내시는 기쁘게 길을 가므로 그를 다시 보지 못하니라"(행 8:35-39). 여기 에디오피아 내시의 마지막 모습은 그가 '기쁘게 길을 갔다'는 것이다. 그러면 이 기쁨은 어디서 온 것일까? 그것은 그가 복음을 듣고 예수를 믿게 되어 세례를 받은 데서 온 것이다. 그 역시 성령의 기쁨을 경험한 것이다(행 2:38 참조).

그다음, 비시디아 안디옥에 살던 이방인들이 있다. 그들은 바울과 바나바를 통해 하나님의 말씀을 듣고 믿게 된 사람들이다. "이방인들이 듣고 기뻐하여 하나님의 말씀을 찬송하며 영생을 주시기로 작정된 자는 다 믿더라"(행 13:48). 이 이방인들은 바울과 바나바가 전한 하나님의 말씀을 하나님의 말씀으로 받아들일 때 기쁨을 경험했다. 이 기쁨 역시 성령의 역사다.

또 빌립보 간수와 그의 온 가족을 들 수 있다. 그들은 바울과 실라를 통해 주의 말씀을 듣고 믿게 된 사람들이다. "주의 말씀을 그 사람과 그 집에 있는 모든 사람에게 전하더라 그 밤 그 시각에 간수가 그들을 데려다가 그 맞은 자리를 씻어 주고 자기와 그 온 가족이 다 세례를 받은 후 그들을 데리고 자기 집에 올라가서 음식을 차려 주고 그와 온 집안이 하나님을 믿으므로 크게 기뻐하니라"(행 16:32-34). 여기 "그와 온 집안이 하나님을 믿으므로 크게 기뻐하니라"는 말은 온 집안이 믿은 것이 기쁨의 이유인 것처럼 들린다. 그런데 이 말을 원문대로 번역하면 "그가 하나님을 믿었으므로 그가 온 집과 함께 크게 기뻐하니라"가 된다. 이것은 하나님을 믿은 것이 기쁨의 이유임을 분명하게 보여준다. 이 기쁨 역시 성령의 역사다. 누가는 다른 곳에서 "크게 기뻐하니라"는 말을 성령의 기쁨을 말할 때 사용했다. "그 때에 예수께서 성령으로 기뻐하시며"(눅 10:21).

이와 같은 성령의 역사는 우리가 성경을 읽을 때도 나타난다. 우리가 읽는 성경이 하나님의 말씀임을 확신하게 되는 것은 분명 성령의 역사다. 칼빈은 그것을 성령의 내적 증언이라 부른다.

그럼에도 불구하고 나는 성령의 증언이 모든 이성보다 더욱 뛰어나다고 응수한다. 왜냐하면 하나님 홀로 자기의 말씀 안에서 자기 자신에 대한 합당한 증인이 되시듯이, 또한 사람들의 마음이 성령의 내적 증언으로 인침을 받기 전에는 그 마음속에서 말씀에 대한 믿음을 찾을 수 없기 때문이다. 그리하여 선지자들의 입을 통하여 말씀하신 동일한 성령이 우리의 마음을 뚫고 들어와 하늘로부터 명령된 것이 충실히 표현되도록 감화하셔야 한다. 이러한 연결이 이사야가 전하는 다음 말씀 가운데 가장 적절하게 제시되어 있다. "네 위에 있는 나의 영과 네 입에 둔 나의 말이 이제부터 영원하도록 … 떠나지 아니하리라"(사 59:21).**33**

네덜란드 수상을 지낸 아브라함 카이퍼는 목사가 된 후 이런 성령의 역사를 경험했다. 그는 그 경험을 이렇게 말했다.

베일이 점차 벗겨진다. 눈이 성경에서 나오는 하나님의 빛을 향

---

33 Calvinus, 『기독교 강요 1권』, pp.243-244.

해 돌이키며, 이제 우리의 내적 자아가 특출한 그 무엇을 본다. 마치 시각장애인으로 태어난 사람이 치유되어 아름다운 색깔을 보듯이, 혹은 청각장애를 치유받은 사람이 아름다운 멜로디를 듣듯이, 온 영혼이 그것을 즐거워한다.[34]

우리도 이런 성령의 역사를 기대하며 성경을 읽어야 한다. 존 맥아더는 말한다. "성령의 개입이 없으시다면 성경은 '단지 또 다른 한 책'일 뿐이다. 우리 심령 속에 성령께서 역사하실 때, 성경은 유일한 책이다."[35]

이런 성령의 역사를 경험하게 될 때 우리는 비로소 냉랭하고 침체된 신앙생활에서 벗어나게 된다. 성령의 역사를 통해 활기 있고 기쁨에 찬 그리스도인이 되자. 성령의 권능으로 예수의 증인된 삶을 살자.

---

34 Sinclair B. Ferguson, *From the Mouth of God*, 『성경, 하나님의 말씀』, 김태곤 역(서울: 생명의말씀사, 2015), p.82에서 재인용.

35 MacArthur, 『성경 깊이 알기』, p.76.

CHAPTER
14

성령의 중보기도

———

"이와 같이 성령도 우리의 연약함을 도우시나니 우리는 마땅히
기도할 바를 알지 못하나 오직 성령이 말할 수 없는 탄식으로 우리
를 위하여 친히 간구하시느니라 마음을 살피시는 이가 성령의 생각
을 아시나니 이는 성령이 하나님의 뜻대로 성도를 위하여 간구하심
이니라" _ **롬 8:26-27**

이 말씀은 성령의 중보기도에 대해 말한다. 사도 바울은 "성령이
말할 수 없는 탄식으로 우리를 위하여 친히 간구하시느니라"고 말
하고, 다시 "성령이 하나님의 뜻대로 성도를 위하여 간구하심이니
라"고 말한다. 이때 전자는 성령과 하나님의 자녀들인 우리의 관계
에 초점을 맞춘다. 여기에는 이런 설명이 추가된다. "성령도 우리의

연약함을 도우시나니 우리는 마땅히 기도할 바를 알지 못하나." 이 때 관심은 우리의 기도에 있다. 그에 비해 후자는 성령과 하나님의 관계에 초점을 맞춘다. 여기에는 이런 설명이 추가된다. "마음을 살피시는 이가 성령의 생각을 아시나니." 이때 관심은 하나님의 응답에 있다.

우리의 연약함을 도우시는 성령

그러면 26절부터 살펴보자. 여기에는 두 개의 문장이 들어 있다. "이와 같이 성령도 우리의 연약함을 도우시나니/ 우리는 마땅히 기도할 바를 알지 못하나 오직 성령이 말할 수 없는 탄식으로 우리를 위하여 친히 간구하시느니라." 이 두 개의 문장은 접속사로 연결되어 있다. 그래서 두 번째 문장은 첫 번째 문장을 설명해 준다. 이와 함께 두 개의 문장 사이에는 교차 대구법이 나타난다.

A 성령도 도우시나니

B 우리의 연약함을

B′ 우리는 마땅히 기도할 바를 알지 못하나

A′ 오직 성령이 말할 수 없는 탄식으로 우리를 위하여 친히 간

따라서 "우리는 마땅히 기도할 바를 알지 못하나"는 "우리의 연약함"에 대한 설명이다. 또 "성령이 말할 수 없는 탄식으로 우리를 위하여 친히 간구하시느니라"는 "성령도 도우시나니"에 대한 설명이다.

그러므로 본문에서 말하는 "우리의 연약함"은 일반적인 연약함이 아니다. 그것은 기도에 있어서 '우리는 마땅히 기도할 바를 알지 못하는' 연약함이다. 여기 "마땅히"라는 말에 주목해야 한다. 이것은 단순히 우리가 무엇을 기도해야 할지를 알지 못한다는 말이 아니다. 우리가 무엇을 기도해야 '옳은지'를 알지 못한다는 뜻이다. 여기에는 기도의 내용을 결정하는 기준이 존재한다는 전제가 깔려 있다. 그렇다면 기도의 내용을 결정하는 기준은 무엇일까? 물론 그 기준은 우리에게 있지 않고 하나님께 있다. 바울은 그 기준을 27절에서 "하나님의 뜻대로[하나님에 따라서]"라는 말로 표현했다.

따라서 '우리는 마땅히 기도할 바를 알지 못한다'는 말은, 우리가 무엇을 기도하는 것이 하나님의 뜻인지(하나님에 따른 것인지) 알지 못한다는 것이다. 이것이 "우리의 연약함"이 의미하는 것이다.

그런데 이러한 우리의 연약함을 성령께서 도우신다. 바울은 성령께서 도우시는 것을 이렇게 설명한다. "성령이 말할 수 없는 탄식으로 우리를 위하여 친히 간구하시느니라." 이것은 성령의 중보기도를 말한다. 이처럼 성령은 중보기도를 통해 우리 연약함을 도우신다.

그런데 성령의 중보기도는 단순히 성령께서 우리를 위해 기도하신다는 의미가 아니다. 이 점에서 성령의 중보기도는 그리스도의 중보기도와 차이가 있다. 27절에 사용된 '간구하다'라는 말은 그리스도의 중보기도를 말할 때도 사용된다. "누가 정죄하리요 죽으실 뿐 아니라 다시 살아나신 이는 그리스도 예수시니 그는 하나님 우편에 계신 자요 우리를 위하여 간구하시는 자시니라"(롬 8:34). "그러므로 자기를 힘입어 하나님께 나아가는 자들을 온전히 구원하실 수 있으니 이는 그가 항상 살아 계셔서 그들을 위하여 간구하심이라 이러한 대제사장은 우리에게 합당하니 거룩하고 악이 없고 더러움이 없고 죄인에게서 떠나 계시고 하늘보다 높이 되신 이라"(히 7:25-26). 이처럼 그리스도도 성도를 위하여 간구하신다. 그러나 그분은 지금 "하나님 우편에 계신 자"로서 또는 "죄인에게서 떠나 계시고 하늘보다 높이 되신 이"로서 그렇게 하신다. 따라서 그리스도의 중보기도에서 성도의 역할은 없다.

그에 비해 성령은 지금 성도 안에 거하신다. 그러면서 그분은 성도를 위하여 간구하신다. 이러한 성령의 중보기도에는 성도의 역할이 있다. 그래서 바울은 앞에서 "성령도 우리의 연약함을 도우시나니"라고 말한 것이다. 여기 사용된 "도우시나니"라는 말에는 '함께'라는 뜻의 접두사가 붙어 있어서 우리의 역할도 있음을 암시한다.

신약성경에는 이 말이 사용된 곳이 한 군데 더 있다. "마르다는 준비하는 일이 많아 마음이 분주한지라 예수께 나아가 이르되 주여 내 동생이 나 혼자 일하게 두는 것을 생각하지 아니하시나이까 그를 명하사 나를 도와 주라 하소서"(눅 10:40). 마르다가 예수님께 요청한 것은 혼자 일하는 자기를 마리아가 돕는 것이다. 그것은 마리아가 마르다가 일하는 데 함께 참여하는 것을 의미한다. 마찬가지로, 본문에서도 성령이 도우시는 것은 성령이 우리의 기도에 함께 참여하시는 것을 의미한다. 이에 대해 칼빈은 이렇게 말한다.

성령께서 친히 우리의 연약함을 압박하는 짐의 일부를 감당해 주시고, 우리에게 도움과 구조를 주실 뿐만 아니라 우리를 부추겨 주심으로 해서, 성령이 우리와 함께 그 짐을 져주시는 것이나 마찬가지다.[36]

---

36 Calvin, *Commentary on Romans* 8:26.

이처럼 성령의 중보기도에는 분명히 우리의 역할이 있다.

성령의 탄식 ❧

여기서 "말할 수 없는 탄식으로"라는 말을 살펴볼 필요가 있다. 바울은 이렇게 말한다. "성령이 말할 수 없는 탄식으로 우리를 위하여 친히 간구하시느니라." 여기 "성령이 … 친히"라는 말은 이 탄식의 주체가 성령이심을 분명히 한다. 이 탄식은 성령의 중보기도가 취하는 방식인 것이다. 이때 "말할 수 없는 탄식"은 '말로 표현할 수 없는 탄식'보다 '말 없는(말로 표현되지 않은) 탄식'으로 이해하는 것이 적당하다. 이 '말 없는 탄식'은 앞에 나온 피조물의 탄식이나 하나님의 자녀들의 탄식과 같다. "피조물이 다 이제까지 함께 탄식하며 함께 고통을 겪고 있는 것을 우리가 아느니라 그뿐 아니라 또한 우리 곧 성령의 처음 익은 열매를 받은 우리까지도 속으로 탄식하여 양자 될 것 곧 우리 몸의 속량을 기다리느니라"(롬 8:22-23).

그렇지만 여기서 구분이 필요하다. 성령은 피조물이나 하나님의 자녀인 우리처럼 스스로 탄식할 이유가 없으시다는 사실이다. 그렇다면 성령의 탄식은 무엇일까? 그것은 성령이 우리의 탄식에 참여하시는 것이다. 여기서 성령의 탄식이 우리의 탄식과 만난다. 이 점에서 성령의 탄식은 우리의 탄식처럼 우리의 마음에서 일어난다. 이것이 27절에서 "마음"을 언급하는 이유다. "마음을 살피시는 이가 성령의 생각을 아시나니." 우리의 마음이 성령의 탄식이 일어나는 곳이다.

이런 식으로 성령은 중보기도를 통해 우리 연약함을 도우신다. 우리 안에 거하시는 성령은 우리를 위하여 중보의 기도를 하심으로써 우리의 기도에서 "마땅히 기도할 바를 알지 못하는" 우리 연약함을 도우시는 것이다. 중요한 것은, 이러한 성령의 중보기도에서 우리의 역할이 배제되지 않는다는 점이다. 그래서 칼빈은 이 구절에 대해 이렇게 말했다.

바울은 우리가 성령의 감화로 말미암아 토설하는 탄식을 '말할 수 없는 탄식'이라고 칭하고 있는데, 이는 그 탄식이 우리의 머리로는 이해할 수 없는 차원의 것이기 때문이다. 하나님의 영이 '친히 간구하신다'고 말씀되어 있는데, 이는 그가 실제로 자신을 낮추어 간구자로서 기도하거나 탄식하기 때문이 아니라, 그가 우리의 심령 속에서 우리가 하나님께 드리기에 합당한 기도를 하도록 감화하시

기 때문이다.[37]

따라서 우리는 단순히 성령께서 우리를 위하여 간구하신다는 것으로 위안을 삼으면 안 된다. 우리는 성령께서 우리 마음에서 말 없는 탄식으로 우리를 위하여 간구하신다는 사실을 알고, 이 성령께 의지하여 기도하기를 힘써야 한다. 성령은 기도의 영으로서 우리의 기도를 도우시기 때문이다.

이 사실은 이미 구약성경에서 약속되었다. "내가 다윗의 집과 예루살렘 주민에게 은총과 간구하는 심령을 부어 주리니"(슥 12:10). 이때 "은총과 간구하는 심령"은 '은총의 영과 간구하는 영'을 말한 것으로 성령을 가리킨다. 여기에는 성령께서 우리에게 은총을 주시되, 우리가 간구하게 하심으로써 주신다는 의미가 들어 있다. 성령은 기도의 영으로서 성도에게 은혜를 주시는 분이다. 제임스 뷰캐넌은 말한다. "은혜의 영으로서 성령의 모든 사역은 기도할 수 있도록 우리를 준비시키시는 목적에 집중되어 있다."[38] 그러기에 성도는 기도에 있어서 반드시 성령께 의지해야 한다. 그래서 성경은 우

---

37 Calvin, *Commentary on Romans* 8:26.

38 James Buchanan, *The Office and Work of The Holy Spirit*, 『성령의 사역, 회심과 부흥』, 신호섭 역(서울: 지평서원, 2006), p.532.

리에게 이 명령을 준다. "모든 기도와 간구를 하되 항상 성령 안에서 기도하고"(엡 6:18). "성령으로 기도하며"(유 1:20).

우리는 무엇을 위해 기도하는 것이 하나님의 뜻인지 알지 못하는 연약함이 있다. 우리는 무엇이 하나님께 영광이 되고, 무엇이 우리에게 유익한지 잘 모른다. 이러한 연약함은 기도하는 우리를 힘들게 만들고 주저하게 만든다. 그런데 기억해야 할 것이 있다. 성령이 우리의 기도에서 이러한 연약함을 도우신다는 사실이다. 그러므로 우리는 이 사실을 믿고 성령께 의지하여 기도하기를 힘써야 한다. "성령 안에서 기도하라."

성령의 생각 ～

여기서 바울은 성령의 중보기도에 대한 설명을 한 가지 더 추가한다. "마음을 살피시는 이가 성령의 생각을 아시나니 이는 성령이 하나님의 뜻대로 성도를 위하여 간구하심이니라"(롬 8:27). 이것은 성령의 중보기도가 취하는 방식과 관련이 있다. 우리는 말 없는 탄식으로 표현되는 성령의 중보기도를 이해할 수 없다. 그것은 당연히 성령의 중보기도가 갖는 효력에 대한 의문을 갖게 만든다. 그래서 바울은 여기에 대해 설명을 추가한다.

먼저, "마음을 살피시는 이가 성령의 생각을 아시나니"라는 말씀을 살펴보자. "마음을 살피시는 이"는 하나님을 가리킨다. 성경은 이 사실을 여러 곳에서 언급한다(삼상 16:7; 대상 28:9; 29:17; 시 7:9; 잠 20:27; 렘 17:10).

그런데 "마음을 살피시는 이가 성령의 생각을 아시나니"라는 말은 정확한 번역이 아니다. 헬라어 성경에는 "성령의 생각"이라는 말 앞에 '무엇'이라는 의문대명사가 붙어 있다. 그래서 '마음을 살피시는 이가 성령의 생각이 무엇인지 아시나니'로 번역해야 한다. 새번역 성경에는 이렇게 기록되어 있다. "사람의 마음을 꿰뚫어 보시는 하나님께서는, 성령의 생각이 어떠한지를 아십니다." 따라서 하나님이 아시는 것은 단지 성령의 생각이 아니라 그 생각의 내용이다. 비록 성령이 말 없는 탄식으로 간구할지라도, 그래서 우리는 그 내용을 이해할 수 없을지라도, 마음을 감찰하시는 하나님은 성령이 생각하는 내용을 아신다.

이것은 여기서 하나님이 아신다는 것이 단지 인식의 문제가 아님을 나타낸다. 하나님께서 성령이 생각하는 내용을 아신다는 것은, 그것을 인식할 뿐 아니라 인정하고 받아들인다는 의미다.

이 사실은 뒤따르는 말씀에서 확인된다. "이는 성령이 하나님의 뜻대로 성도를 위하여 간구하심이니라." 여기서 '성령의 생각이 무엇인지'가 분명히 드러난다. 그것은 "하나님의 뜻대로[하나님에 따라서]"라는 말로 표현된다. 이 말은 하나님과의 일치를 가리킨다. 이처럼 성령의 중보기도에서 성령이 생각하시는 내용은 하나님과 일치한다. 그렇기 때문에 마음을 살피시는 하나님은 성령이 생각하는 내용을 인식하실 뿐 아니라 인정하고 받아들이신다. 여기에 성령의 중보기도가 갖는 효력이 존재한다. 성령의 중보기도에서 성령이 생각하시는 내용은 하나님과 일치한다. 그런 만큼 성령의 중보기도는 언제나 응답된다.

따라서 성도가 기도 응답에 대한 확신을 갖게 되는 것은 성령 안에서 기도할 때다. 그것은 성도가 기도에서 하나님의 뜻대로(하나님에 따라서) 구하는 것을 의미한다. "그를 향하여 우리가 가진 바 담대함이 이것이니 그의 뜻대로 무엇을 구하면 들으심이라"(요일 5:14). "뜻이 하늘에서 이루어진 것 같이 땅에서도 이루어지이다"(마 6:10).

중요한 것은 이것이다. 성령은 성도가 기도할 때 그들을 감화하셔서 하나님과 일치하도록(하나님의 뜻에 따르도록) 만드신다는 것이다. "그러므로 어리석은 자가 되지 말고 오직 주의 뜻이 무엇인가 이해하라 술 취하지 말라 이는 방탕한 것이니 오직 성령으로 충만함을 받으라"(엡 5:17-18).

이처럼 성도의 기도가 언제나 하나님과 일치하는 것이 아니므로 항상 응답되지는 않지만, 성도들 안에 거하시는 성령의 중보기도는 언제나 하나님과 일치하므로 언제나 응답된다. 여기에 우리의 이해를 뛰어넘는 하나님의 일하심이 존재한다.

톰 슈라이너는 성령의 중보기도를 말한 본문과 다음 구절의 관계에 주목했다. "우리가 알거니와 하나님을 사랑하는 자 곧 그의 뜻대로 부르심을 입은 자들에게는 모든 것이 합력하여 선을 이루느니라"(롬 8:28). 이에 대해 그는 말한다. "모든 것이 합력하여 우리의 선을 이루는 것은 놀랍지 않다. 성령이 우리를 위하여 효과적으로 기도하심으로써 하나님의 뜻이 우리의 삶에서 이루어질 것이다."[39] 또 존 머리는 성령의 중보기도가 주는 격려에 대해 이렇게 말했다.

하나님의 백성에게 미치는 격려는, 말 없는 탄식이 하나님께서 "우리가 구하거나 생각하는 모든 것에 더 넘치도록"(엡 3:20) 하신다는 사실을 가리키는 표시라는 점과 하나님의 은혜의 척도는 우리의 연약한 이해와 요구가 아니라 성령의 지식, 지혜 그리고 사랑이라는 점이다.[40]

---

39 Thomas R. Schreiner, *Romans* (BECNT; Grand Rapids: Baker, 1998), 447.

40 John Murray, *The Epistle to the Romans* (Grand Rapids: Eerdmans, 1997), 313.

CHAPTER
15

성령의 위로

———

"그리하여 온 유대와 갈릴리와 사마리아 교회가 평안하여 든든
히 서 가고 주를 경외함과 성령의 위로로 진행하여 수가 더 많아지
니라"_ 행 9:31

이 말씀은 사도행전에 나오는 다섯 번의 요약 가운데 두 번째 내
용이다. 첫 번째 요약은 6장 7절인데 예루살렘에서 복음으로 인해
제자의 수가 증가된 것을 말한다. 그 후로 두 번째 요약인 본문에
이르기까지 누가는 복음이 예루살렘을 넘어 확장된 사실을 기록한
다. 여기에는 스데반의 순교, 그로 인한 핍박 때문에 이루어진 빌립
의 사마리아 전도, 그리고 핍박자였던 사울의 회심이 들어 있다. "그
리하여"라는 말은 이러한 일련의 사건이 가져온 결과를 나타낸다.

여기에 "온 유대와 갈릴리와 사마리아 교회"가 나온다. 이것은 옛 이스라엘의 전 지역에 걸쳐 교회가 세워진 것을 나타낸다. 누가는 이미 유대와 사마리아 지역으로 흩어진 그리스도인들이 복음을 전파한 사실을 기록했다. "그 날에 예루살렘에 있는 교회에 큰 박해가 있어 사도 외에는 다 유대와 사마리아 모든 땅으로 흩어지니라 … 그 흩어진 사람들이 두루 다니며 복음의 말씀을 전할새 빌립이 사마리아 성에 내려가 그리스도를 백성에게 전파하니"(행 8:1하, 4-5). 그리고 갈릴리의 교회는 예수님의 제자들이 돌아가 복음을 전파함으로써 세워졌을 것이다.

교회의 평안과 성장 ❧

이 말씀에서 누가가 말한 요점은 두 가지다. 하나는 모든 교회가 평안했다는 것이다. "온 유대와 갈릴리와 사마리아 교회가 평안하여." 이것은 교회를 핍박했던 사울의 회심이 가져온 결과다. 사울은 스데반을 돌로 칠 때 가담했고, 그로 인해 일어난 교회의 핍박을 주도했던 인물이다. "성 밖으로 내치고 돌로 칠새 증인들이 옷을 벗어 사울이라 하는 청년의 발 앞에 두니라 … 사울은 그가 죽임 당함을 마땅히 여기더라 … 사울이 교회를 잔멸할새 각 집에 들어가 남녀를 끌어다가 옥에 넘기니라 … 사울이 주의 제자들에 대하여 여전히 위협과 살기가 등등하여 대제사장에게 가서"(행 7:58; 8:1상, 3; 9:1). 그런 사울이 회심하여 복음을 전파하게 된 것이다(행 9:1-30).

누가는 이렇게 해서 교회가 얻게 된 평안을 두 가지로 설명한다. 한 가지는 "든든히 서 가고"라는 말이다. 이것은 '세우다'라는 말 '오이코도메오'의 수동형이다. 누군가에 의해 교회가 세워지게 된(든든히 서 간) 상황을 말해 준다. 이렇게 교회를 세우신(든든히 서 가게 하신) 분은 바로 예수 그리스도시다. 그분이 이렇게 말씀하셨기 때문이다. "너는 베드로라 내가 이 반석 위에 내 교회를 세우리니 음부의 권세가 이기지 못하리라"(마 16:18). 예수님이 "내 교회를 세우리니"라고 말씀하실 때 사용하신 단어가 '오이코도메오'다.

또 한 가지 설명은 "주를 경외함과 성령의 위로로 진행하여"라는 말이다. 이것은 교회의 삶을 묘사한 것이다. 주를 경외함으로 행하는 성도의 삶에 성령의 위로가 함께한 것이다.

그런 다음, 누가가 말한 두 번째 요점이 나온다. 그것은 "[온 유대와 갈릴리와 사마리아 교회가] 수가 더 많아지니라"는 말이다. 이때 "수가 더 많아지니라[플레이투노]"라는 말은 수동형이다. 그것은 하나님에 의해 교회가 성장한 사실을 말해 준다. 실제로 누가는 이 말의 수동형을 써서 하나님에 의한 수적 증가를 말한다. "하나님의 말씀이 점점 왕성하여 예루살렘에 있는 제자의 수가 더 심히 많아지고[플레이투노]"(행 6:7). "하나님이 아브라함에게 약속하신 때가 가까우매 이스라엘 백성이 애굽에서 번성하여 많아졌더니[플레이투노]"(행 7:17). "하나님의 말씀은 흥왕하여 더하더라[플레이투노]"(행 12:24).

복음적 위로 ❧

그러면 누가가 말한 "성령의 위로"는 무엇일까? 우선 이 위로는 "주를 경외함"과 함께 묶여 "주를 경외함과 성령의 위로"로 쓰였음을 주목할 필요가 있다. 이는 주를 경외함이 없는 사람에게는 이 위로도 없다는 의미다. 이 위로는 누구에게나 주어지는 것이 아니다. 이 위로는 교회에 국한된 것이고, 예수 그리스도를 믿는 사람들에게 주어지는 특별한 선물이다. 이 위로는 하나님이 그리스도 안에서 죄인을 구원하시는 데서 비롯되는 위로다. 이 위로는 복음적 위로다.

이것은 일찍이 이사야 선지자가 예언한 위로다. "좋은 소식을 전하며 평화를 공포하며 복된 좋은 소식을 가져오며 구원을 공포하며 시온을 향하여 이르기를 네 하나님이 통치하신다 하는 자의 산을 넘는 발이 어찌 그리 아름다운가 네 파수꾼들의 소리로다 그들이 소리를 높여 일제히 노래하니 이는 여호와께서 시온으로 돌아오실 때에 그들의 눈이 마주 보리로다 너 예루살렘의 황폐한 곳들아 기쁜 소리를 내어 함께 노래할지어다 이는 여호와께서 그의 백성을 위로하셨고 예루살렘을 구속하셨음이라 여호와께서 열방의 목전에서 그의 거룩한 팔을 나타내셨으므로 땅 끝까지도 모두 우리 하나님의 구원을 보았도다"(사 52:7-10). "주 여호와의 영이 내게 내리셨으니 이는 여호와께서 내게 기름을 부으사 가난한 자에게 아름다운 소식을 전하게 하려 하심이라 나를 보내사 마음이 상한 자를 고치며 포로된 자에게 자유를, 갇힌 자에게 놓임을 선포하며 여호와의 은혜의 해와 우리 하나님의 보복의 날을 선포하여 모든 슬픈 자를 위로하되 무릇 시온에서 슬퍼하는 자에게 화관을 주어 그 재를 대신하며 기쁨의 기름으로 그 슬픔을 대신하며 찬송의 옷으로 그 근심을 대신하시고 그들이 의의 나무 곧 여호와께서 심으신 그 영광을 나타낼 자라 일컬음을 받게 하려 하심이라"(사 61:1-3).

사도 바울은 이 위로에 대해 이렇게 말했다. "찬송하리로다 그는 우리 주 예수 그리스도의 하나님이시요 자비의 아버지시요 모든 위로의 하나님이시며 우리의 모든 환난 중에서 우리를 위로하사 우리로 하여금 하나님께 [위로] 받는 위로로써 모든 환난 중에 있는 자들을 능히 위로하게 하시는 이시로다 그리스도의 고난이 우리에게 넘친 것 같이 우리가 받는 위로도 그리스도로 말미암아 넘치는도다 우리가 환난 당하는 것도 너희가 위로와 구원을 받게 하려는 것이요 우리가 위로를 받는 것도 너희가 위로를 받게 하려는 것이니 이 위로가 너희 속에 역사하여 우리가 받는 것 같은 고난을 너희도 견디게 하느니라 너희를 위한 우리의 소망이 견고함은 너희가 고난에 참여하는 자가 된 것 같이 위로에도 그러할 줄을 앎이라"(고후 1:3-7).

이 말씀은 복음적 위로에 대해 몇 가지 사실을 말해 준다. 우선, 위로의 원천은 하나님이시다. 그래서 바울은 하나님을 "모든 위로의 하나님"(3절)으로 부르고, "하나님께 [위로] 받는 위로"(4절)를 말한다. 그는 다른 곳에서 "인내와 위로의 하나님"(롬 15:5)이라고 말하기도 했다. 그런데 이러한 하나님의 위로는 그분의 "자비"(3절)에서 흘러나온다. 그리고 이 위로는 "그리스도"(3, 5절)를 통하여 주어지며, "구원"(6절)과 함께 주어진다. 마지막으로, 이 위로는 "소망"(7절)의 근거가 된다.

복음적 위로가 소망의 근거가 된다는 점은 중요하다. 사도 바울은 데살로니가교회를 위해 하나님께 기도했다. "우리 주 예수 그리스도와 우리를 사랑하시고 영원한 위로와 좋은 소망을 은혜로 주신 하나님 우리 아버지께서 너희 마음을 위로하시고 모든 선한 일과 말에 굳건하게 하시기를 원하노라"(살후 2:16-17). 또 히브리서 기자는 아브라함에게 약속하시고 맹세하신 하나님에 대해 이렇게 기록한다. "하나님은 약속을 기업으로 받는 자들에게 그 뜻이 변하지 아니함을 충분히 나타내시려고 그 일을 맹세로 보증하셨나니 이는 하나님이 거짓말을 하실 수 없는 이 두 가지 변하지 못할 사실로 말미암아 앞에 있는 소망을 얻으려고 피난처를 찾은 우리에게 큰 안위를 받게 하려 하심이라"(히 6:17-18). 또 시편도 소망의 근거가 되는 위로에 대해 말한다. "주의 종에게 하신 말씀을 기억하소서 주께서 내게 소망을 가지게 하셨나이다 이 말씀은 나의 고난 중의 위로라 주의 말씀이 나를 살리셨기 때문이니이다"(시 119:49-50). 그래서 사도 바울도 구약 성경에 대해 이렇게 말했다. "무엇이든지 전에 기록된 바는 우리의 교훈을 위하여 기록된 것이니 우리로 하여금 인내로 또는 성경의 위로로 소망을 가지게 함이니라"(롬 15:4).

이처럼 성경은 위로(안위)의 책이다. 성경은 하나님의 말씀으로서 그분의 위로를 우리에게 전달해 준다. 구체적으로, 성경은 하나님께서 그리스도를 통해 죄인을 구원하시는 복음 안에서 하나님의 위로를 전달한다. 성령의 위로하시는 사역은 바로 이 성경에 나타난 복음의 진리와 관련이 있다. 사도 바울이 "성령의 검 곧 하나님의 말씀을 가지라"(엡 6:17)고 한 것은 여기에도 해당한다. 하나님의 말씀이 없이 성령의 위로하시는 사역은 없다. 제임스 뷰캐넌은 이에 대해 이렇게 설명한다.

성령께서 그들의 마음속에 일반적인 은혜의 수단을 사용하지 않은 채, 또는 그들의 교사이자 거룩케 하는 이로서의 성령의 다른 열매와 사역들과 관계없이 평강과 기쁨과 소망을 '주입'함으로써 그의 백성들을 위로하신다고 가정하는 것은 대단히 위험한 오류다. 성령께서는 그의 다른 모든 사역에서와 마찬가지로 이 위로의 사역에 있어서도 계명의 말씀에 따라, 그리고 우리의 도덕적 본성의 필요성에 따라 역사하신다. 성령의 사역은 결코 쪼개지거나 '분리'되지 않는다. … 성령께서는 말씀을 통해 계시된 진리를 수단으로 하여 그 의미를 이해할 수 있게 하시며, 그 능력을 지각하게 하시고 특별히 믿음의 연습을 통하여 각 영혼에 그 말씀을 적용하심으로써 당신의 백성을 위로하신다.[41]

복음에 나타난 하나님의 위로를 성도들의 마음에 전달하시는 분

---

41 Buchanan, 『성령의 사역, 회심과 부흥』, pp.548-549.

이 바로 성령이다. 이러한 성령의 위로가 주어질 때 성도는 고난과 핍박 가운데서도 기쁨과 평강을 누리게 된다. 비시디아 안디옥의 성도들이 그랬다. "이에 유대인들이 경건한 귀부인들과 그 시내 유력자들을 선동하여 바울과 바나바를 박해하게 하여 그 지역에서 쫓아내니 두 사람이 그들을 향하여 발의 티끌을 떨어 버리고 이고니온으로 가거늘 제자들은 기쁨과 성령이 충만하니라"(행 13:50-52). 이러한 성령의 위로는 데살로니가 성도에게도 주어졌다. 바울은 그 사실을 이렇게 말했다. "또 너희는 많은 환난 가운데서 성령의 기쁨으로 말씀을 받아 우리와 주를 본받은 자가 되었으니"(살전 1:6).

사도 바울은 로마서에서 성령의 위로가 주는 기쁨과 평강, 그리고 소망에 대해 거듭 말했다. "다만 이뿐 아니라 우리가 환난 중에도 즐거워하나니 이는 환난은 인내를, 인내는 연단을, 연단은 소망을 이루는 줄 앎이로다 소망이 우리를 부끄럽게 하지 아니함은 우리에게 주신 성령으로 말미암아 하나님의 사랑이 우리 마음에 부은 바 됨이니"(롬 5:3-5). "하나님의 나라는 먹는 것과 마시는 것이 아니요 오직 성령 안에 있는 의와 평강과 희락이라"(롬 14:17). "소망의 하나님이 모든 기쁨과 평강을 믿음 안에서 너희에게 충만하게 하사 성령의 능력으로 소망이 넘치게 하시기를 원하노라"(롬 15:13).

우리는 인생의 환난 가운데 하나님이 "모든 위로의 하나님" 되심을 잊지 말아야 한다. 이 하나님의 위로는 복음에 나타나 있으며, 성령의 내적 사역을 통해 우리에게 전달된다. 성령의 역사를 통해 복음에 대한 우리의 이해가 깊어질수록 이 위로는 더 커진다. 아무리 어려운 상황 속에서도 성도는 이 하나님의 위로를 구해야 한다. 복음에 나타난 하나님의 사랑과 자비가 얼마나 크고 놀라운지를 깨닫고, 그 속에서 위로를 발견해야 한다. 성도 안에 거하시는 성령께서 이러한 일을 이루실 것이다.

성도의 교제 ❧

이러한 성령의 위로가 전달되는 중요한 통로는 성도의 교제다. 왜냐하면 성령은 성도 가운데 교제를 이루시는 분이기 때문이다. "주 예수 그리스도의 은혜와 하나님의 사랑과 성령의 교통하심이 너희 무리와 함께 있을지어다"(고후 13:13). "그러므로 그리스도 안에 무슨 권면이나 사랑의 무슨 위로나 성령의 무슨 교제나 긍휼이나 자비가 있거든"(빌 2:1).

사도행전에는 성도가 편지를 통해서나 직접 만나서 위로하는 경우가 나온다. "읽고 그 위로한 말을 기뻐하더라"(행 15:31, 예루살렘교회의 사도와 장로들이 쓴 편지를 안디옥교회가 읽었을 때). "두 사람이 옥에서 나와 루디아의 집에 들어가서 형제들을 만나 보고 위로하고 가니라"(행 16:40). 이것은 성도의 교제를 통한 위로를 보여준다.

이처럼 성도의 교제가 있는 곳에 성령께서 주시는 위로가 있다. 성경은 여러 곳에서 이 사실을 보여준다. "이로써 네 믿음의 교제가 우리 가운데 있는 선을 알게 하고 그리스도께 이르도록 역사하느니라 형제여 성도들의 마음이 너로 말미암아 평안함을 얻었으니 내가 너의 사랑으로 많은 기쁨과 위로를 받았노라"(몬 1:6-7). "나는 너희를 향하여 담대한 것도 많고 너희를 위하여 자랑하는 것도 많으니 내가 우리의 모든 환난 가운데서도 위로가 가득하고 기쁨이 넘치는도다 우리가 마게도냐에 이르렀을 때에도 우리 육체가 편하지 못하였고 사방으로 환난을 당하여 밖으로는 다툼이요 안으로는 두려움이었노라 그러나 낙심한 자들을 위로하시는 하나님이 디도가 옴으로 우리를 위로하셨으니 그가 온 것뿐 아니요 오직 그가 너희에게서 받은 그 위로로 위로하고 너희의 사모함과 애통함과 나를 위하여 열심 있는 것을 우리에게 보고함으로 나를 더욱 기쁘게 하였느니라 … 이로 말미암아 우리가 위로를 받았고 우리가 받은 위로 위에 디도의 기쁨으로 우리가 더욱 많이 기뻐함은 그의 마음이 너희 무리로 말미암아 안심함을 얻었음이라"(고후 7:4-7, 13). "우리 형제 곧 그리스도의 복음을 전하는 하나님의 일꾼인 디모데를 보내노니 이는 너희를 굳건하게 하고 너희 믿음에 대하여 위로함으로 아무도 이 여러 환난 중에 흔들리지 않게 하려 함이라 우리가 이것을 위하여 세움 받은 줄을 너희가 친히 알리라 … 지금은 디모데가 너희에게로부터 와서 너희 믿음과 사랑의 기쁜 소식을 우리에게 전하고 또 너희가 항상 우리를 잘 생각하여 우리가 너희를 간절히 보고자 함과 같이 너희도 우리를 간절히 보고자 한다 하니 이러므로 형제들아 우리가 모든 궁핍과 환난 가운데서 너희 믿음으로 말미암아 너희에게 위로를 받았노라"(살전 3:2-3, 6-7). "지금은 디모데가 너희에게로부터 와서 너희 믿음과 사랑의 기쁜 소식을 우리에게 전하고 또 너희가 항상 우리를 잘 생각하여 우리가 너희를 간절히 보고자 함과 같이 너희도 우리를 간절히 보고자 한다 하니 이러므로 형제들아 우리가 모든 궁핍과 환난 가운데서 너희 믿음으로 말미암아 너희에게 위로를 받았노라"(골 4:7-8). "나의 사정 곧 내가 무엇을 하는지 너희에게도 알리려 하노니 사랑을 받은 형제요 주 안에서 진실한 일꾼인 두기고가 모든 일을 너희에게 알리리라 우리 사정을 알리고 또 너희 마음을 위로하기 위하여 내가 특별히 그를 너희에게 보내었노라"(엡 6:21-22).

이처럼 성도의 교제는 성령의 위로가 전달되는 중요한 통로다. 그러므로 우리는 성도의 교제를 사모해야 한다. 그럴 때 우리는 성령의 위로를 통해 환난 가운데 흔들리지 않고 인내할 수 있는 힘과 주의 뜻을 행할 용기를 얻게 된다. 성령의 위로가 있는 교회가 성장하는 비결이 여기에 있다. "온 유대와 갈릴리와 사마리아 교회가 … 주를 경외함과 성령의 위로로 진행하여 수가 더 많아지니라."

CHAPTER
16

성령의 보증

———

"곧 이것을 우리에게 이루게 하시고 보증으로 성령을 우리에게
주신 이는 하나님이시니라" _ **고후 5:5**

앞에서 우리는 성령의 위로에 대해 살펴보았다. 이제 우리는 성
령의 위로 가운데 특히 우리의 미래와 관련된 부분을 살펴보려고
한다. 이것이 바울이 말한 성령의 보증이다. "곧 이것을 우리에게 이
루게 하시고 보증으로 성령을[성령의 보증을] 우리에게 주신 이는 하
나님이시니라." 여기서 성령의 보증은 성령이 보증하시는 것을 말
하지 않는다. 성령의 보증은 우리 안에 거하시는 성령 자신이 보증
이라는 것을 말한다. 우리말에 "보증으로 성령을 우리에게 주신 이"
로 번역한 것은 이런 의미를 잘 나타낸다. 그러면 성령 자신이 보증

이라는 말은 무슨 뜻일까?

보증의 의미 ❧

이 말씀을 다시 번역하면 이렇다. '바로 이것을 위해 우리를 준비시키신 이는 하나님인데, 그는 성령의 보증을 우리에게 주신 분이다.' 여기 '바로 이것'은 바울이 앞에서 말한 것을 가리킨다. 그것은 "하나님께서 지으신 집 곧 손으로 지은 것이 아니요 하늘에 있는 영원한 집이 우리에게 있는"(1절) 것이고, "하늘로부터 오는 우리 처소로 덧입는"(2절) 것이고, "죽을 것이 생명에 삼킨 바 되는"(4절) 것이다. 이러한 표현이 가리키는 것은 부활의 몸을 입는 것이다. 이것은 바울이 다른 곳에서 분명히 밝힌 사실이다(고전 15:44; 빌 3:21). 이처럼 '바로 이것'은 현재의 일이 아니라 종말의 일을 가리킨다. 그것은 그리스도의 재림 때 성도가 부활의 몸을 입게 될 것을 말한다.

여기서 바울이 우선적으로 강조한 것은 이것이다. '바로 이것을 위해 우리를 준비시키신 이'는 다름 아닌 '하나님'이라는 사실이다. 그런 만큼 '바로 이것'(신령한 몸으로 다시 사는 것)은 실패하거나 좌절되는 일이 절대 없을 것이다. 하나님이 의도하신 일은 반드시 이루어지기 때문이다. 여기에 우리의 확신이 있다. "너희 안에서 착한 일을 시작하신 이가 그리스도 예수의 날까지 이루실 줄을 우리는 확신하노라"(빌 1:6).

그러면 하나님은 어떻게 '바로 이것을 위해 우리를 준비시키신' 것일까? 바울은 이에 대해 '성령의 보증을 우리에게 주신'이라는 설명을 추가한다. 결국 바울이 말한 것은 이렇게 된다. 하나님은 성령의 보증을 우리에게 주심으로써 바로 이것을 위해 우리를 준비시키셨다. 이때 '보증'은 할부금의 첫 지불액(계약금) 또는 담보물을 가리킨다. 이것은 앞으로 지불될 것을 보증한다. '성령의 보증'이라는 말은 이와 같은 의미를 전달한다. 성령께서 앞으로 일어날 일의 보증이 되시는 것이다.

여기서 앞으로 일어날 일이란 그리스도의 재림 때 부활의 몸을 입게 될 것을 말한다. 성령이 바로 이러한 일의 보증이 되신다. 이 사실은 로마서 8장 11절에 나타난다. "예수를 죽은 자 가운데서 살리신 이의 영이 너희 안에 거하시면 그리스도 예수를 죽은 자 가운데서 살리신 이가 너희 안에 거하시는 그의 영으로 말미암아 너희 죽을 몸도 살리시리라."

또 이 사실은 로마서 8장 23절에서도 나타난다. "그뿐 아니라 또한 우리 곧 성령의 처음 익은 열매를 받은 우리까지도 속으로 탄식하여 양자 될 것 곧 우리 몸의 속량을 기다리느니라." 여기 "성령의 처음 익은 열매"는 그리스도인 안에 거하시는 성령이 처음 익은 열매라는 뜻이다. 바울이 이렇게 말한 이유가 있다. 그는 앞에서 이미 그리스도인이 양자의 영을 받은 것을 말했다. "너희는 다시 무서워하는 종의 영을 받지 아니하고 양자의 영을 받았으므로 우리가 아빠 아버지라고 부르짖느니라"(롬 8:15). 그런데도 그는 그리스도인이 '양자 될 것 곧 우리 몸의 속량을 기다린다'고 말한다. 이것은 아직 이루어지지 않은 일을 말한다. 여기서 바울은 이미 받은 양자의 영을 "성령의 처음 익은 열매"로 표현했다. 첫 열매는 수확의 시작으로서 앞으로의 수확을 보증한다. 마찬가지로, 성도가 이미 받은 "양자의 영"은 종말에 "양자 될 것 곧 우리 몸의 속량"을 보증한다.

이러한 성령의 보증은 바울이 이 편지에서 이미 말한 내용이다. "우리를 너희와 함께 그리스도 안에서 굳건하게 하시고 우리에게 기름을 부으신 이는 하나님이시니 그가 또한 우리에게 인치시고 보증으로 우리 마음에 성령을 주셨느니라"(고후 1:21-22). 이 말씀은 고린도후서 5장 5절과 구조가 같다. "우리를 너희와 함께 그리스도 안에서 굳건하게 하시고 우리에게 기름을 부으신 이는 하나님이시니"(1:21)와 "바로 이것을 위해 우리를 준비시키신 이는 하나님이신데"(5:5상)가 같다. 이때 "그리스도 안에서 굳건하게 하시고"와 "기름을 부으신"은 같은 의미다. "그리스도"라는 말은 '기름 부음을 받은 자'라는 뜻이다.

또 "그가 또한 우리에게 인치시고 보증으로 우리 마음에 성령을 주셨느니라[주신 분이다]"(1:22)와 "그는 성령의 보증을 우리에게 주신 분이다"(5:5하)가 같다. 이때에도 "인치시고"는 "성령의 보증을 주신" 것과 사실상 같은 의미다. 하나님은 성령으로 인치시며 그 성령이 보증이 되시기 때문이다. "그 안에서 너희도 진리의 말씀 곧 너희의 구원의 복음을 듣고 그 안에서 또한 믿어 약속의 성령으로 인치심을 받았으니 이는 우리 기업의 보증이 되사 그 얻으신 것을 속량하시고 그의 영광을 찬송하게 하려 하심이라"(엡 1:13-14). "하나님의 성령을 근심하게 하지 말라 그 안에서 너희가 구원의 날까지 인치심을 받았느니라"(엡 4:30).

따라서 고린도후서 1장 21-22절에서 바울이 말한 것은 이렇게 된다. '하나님은 우리에게 인치시고 보증으로 성령을 우리 마음에 주심으로써 우리를 너희와 함께 그리스도 안에서 견고케 하시고 우리에게 기름을 부으신 것이다.' 그렇다면 이 경우 '성령의 보증'은 무엇에 대한 것일까? 여기서도 우리는 바울이 앞에서 말한 것에 주목할 필요가 있다. 바로 앞 20절에 이런 말씀이 나온다. "하나님의 약속은 얼마든지 그리스도 안에서 예가 되니 그런즉 그로 말미암아 우리가 아멘 하여 하나님께 영광을 돌리게 되느니라."

이 말씀은 그리스도께서 하나님의 모든 약속에서 기초가 되심을 강조한다. "그리스도[그] 안에서 … 그로 말미암아." 그래서 바울은 그다음 21절에서 이렇게 말한 것이다. "우리를 너희와 함께 그리스도 안에서 굳건하게 하시고 우리에게 기름을 부으신 이는 하나님이시니." 하나님은 그리스도 안에서 견고케 하시고 기름을 부으심으로써 하나님의 약속에 확실히 참여할 수 있게 하신 것이다. 따라서 이 경우 바울이 말한 '성령의 보증'은 "하나님의 약속"에 대한 것이다. 이런 점에서 성령은 여기서도 앞으로 일어날 일의 보증이 되신다.

기업의 보증 ❧

이와 관련하여 바울이 에베소서 1장 14절에서 성령을 가리켜 "우리 기업의 보증"이라고 말한 것을 살펴볼 필요가 있다. 성경에서 "기업" 또는 "유업(클레이로노미아)"은 원래 아브라함과 관련된 말이다. "또 그에게 이르시되 나는 이 땅을 네게 주어 소유를 삼게 하려고[개역한글, 업을 삼게 하려고] 너를 갈대아인의 우르에서 이끌어 낸 여호와니라"(창 15:7). "그러나 여기서 발 붙일 만한 땅도 유업으로 주지 아니하시고 다만 이 땅을 아직 자식도 없는 그와 그의 후손에게 소유로 주신다고 약속하셨으며"(행 7:5). "만일 그 유업이 율법에서 난 것이면 약속에서 난 것이 아니리라 그러나 하나님이 약속으로 말미암아 아브라함에게 주신 것이라"(갈 3:18). "믿음으로 아브라함은 부르심을 받았을 때에 순종하여 장래의 유업으로 받을 땅에 나아갈새 갈 바를 알지 못하고 나아갔으며"(히 11:8).

그런데 아브라함에게 주신 기업의 약속은 그리스도 안에서 모든 신자에게도 해당한다. 바울은 그 점을 이렇게 설명한다. "이 약속들은 아브라함과 그 자손에게 말씀하신 것인데 여럿을 가리켜 그 자손들이라 하지 아니하시고 오직 한 사람을 가리켜 네 자손이라 하셨으니 곧 그리스도라 … 그러나 성경이 모든 것을 죄 아래에 가두었으니 이는 예수 그리스도를 믿음으로 말미암는 약속을 믿는 자들에게 주려 함이라 … 너희가 그리스도의 것이면 곧 아브라함의 자손이요 약속대로 유업을 이을 자니라"(갈 3:16, 22, 29). "아브라함이나 그 후손에게 세상의 상속자가 되리라고 하신 언약은 율법으로 말미암은 것이 아니요 오직 믿음의 의로 말미암은 것이니라 … 그러므로 상속자가 되는 그것이 은혜에 속하기 위하여 믿음으로 되나니 이는 그 약속을 그 모든 후손에게 굳게 하려 하심이라 율법에 속한 자에게뿐만 아니라 아브라함의 믿음에 속한 자에게도 그러하니 아브라함은 우리 모든 사람의 조상이라"(롬 4:13, 16). "이는 이방인들이 복음으로 말미암아 그리스도 예수 안에서 함께 상속자가 되고 함께 지체가 되고 함께 약속에 참여하는 자가 됨이라"(엡 3:6).

또 아브라함에게 주신 기업의 약속은 지리적인 가나안 땅에 관한 것이 아니다. 히브리서 기자는 이 사실을 이렇게 설명한다. "믿음으로 그가 이방의 땅에 있는 것 같이 약속의 땅에 거류하여 동일한 약속을 유업으로 함께 받은 이삭 및 야곱과 더불어 장막에 거하였으니 이는 그가 하나님이 계획하시고 지으실 터가 있는 성을 바랐음이라 … 이 사람들은 다 믿음을 따라 죽었으며 약속을 받지 못하였으되 그것들을 멀리서 보고 환영하며 또 땅에서는 외국인과 나그네임을 증언하였으니 그들이 이같이 말하는 것은 자기들이 본향 찾는 자임을 나타냄이라 그들이 나온 바 본향을 생각하였더라면 돌아갈 기회가 있었으려니와 그들이 이제는 더 나은 본향을 사모하니 곧 하늘에 있는 것이라 이러므로 하나님이 그들의 하나님이라 일컬음 받으심을 부끄러워하지 아니하시고 그들을 위하여 한 성을 예비하셨느니라"(히 11:9-10, 13-16).

성경은 이 기업을 다양한 말로 표현한다. "그 때에 임금이 그 오른편에 있는 자들에게 이르시되 내 아버지께 복 받을 자들이여 나아와 창세로부터 너희를 위하여 예비된 나라를 상속받으라"(마 25:34). "이를 위하여 우리의 복음으로 너희를 부르사 우리 주 예수 그리스도의 영광을 얻게 하려 하심이니라"(살후 2:14). "우리로 그의 은혜를 힘입어 의롭다 하심을 얻어 영생의 소망을 따라 상속자가 되게 하려 하심이라"(딛 3:7). "너희가 갇힌 자를 동정하고 너희 소유를 빼앗기는 것도 기쁘게 당한 것은 더 낫고 영구한 소유가 있는 줄 앎이라"(히 10:34). "그러므로 우리가 흔들리지 않는 나라를 받았은즉 은혜를 받자 이로 말미암아 경건함과 두려움으로 하나님을 기쁘시게 섬길지니"(히 12:28). "내 사랑하는 형제들아 들을지어다 하나님이 세상에서 가난한 자를 택하사 믿음에 부요하게 하시고 또 자기를 사랑하는 자들에게 약속하신 나라를 상속으로 받게 하지 아니하셨느냐"(약 2:5). "썩지 않고 더럽지 않고 쇠하지 아니하는 유업을 잇게 하시나니 곧 너희를 위하여 하늘에 간직하신 것이라"(벧전 1:4). "남편들아 이와 같이 지식을 따라 너희 아내와 동거하고 그를 더 연약한 그릇이요 또 생명의 은혜를 함께 이어받을 자로 알아 귀히 여기라 이는 너희 기도가 막히지 아니하게 하려 함이라"(벧전 3:7). "악을 악으로, 욕을 욕으로 갚지 말고 도리어 복을 빌라 이를 위하여 너희가 부르심을 받았으니 이는 복을 이어받게 하려 하심이라"(벧전 3:9).

성령은 이러한 기업의 보증이시다. 어떻게 그럴까? 바울의 설명은 이렇다. 성령은 양자의 영으로서 우리가 하나님의 자녀라는 확신을 주시고, 이러한 확신은 우리가 하나님으로부터 기업을 얻게 될 것을 보증한다는 것이다. "너희는 다시 무서워하는 종의 영을 받지 아니하고 양자의 영을 받았으므로 우리가 아빠 아버지라고 부르짖느니라 성령이 친히 우리의 영과 더불어 우리가 하나님의 자녀인 것을 증언하시나니 자녀이면 또한 상속자 곧 하나님의 상속자요 그리스도와 함께 한 상속자니 우리가 그와 함께 영광을 받기 위하여 고난도 함께 받아야 할 것이니라"(롬 8:15-17). "너희가 아들이므로 하나님이 그 아들의 영을 우리 마음 가운데 보내사 아빠 아버지라 부르게 하셨느니라 그러므로 네가 이 후로는 종이 아니요 아들이니 아들이면 하나님으로 말미암아 유업을 받을 자니라"(갈 4:6-7).

여기서 아바 아버지라 부르짖는 것은 단순한 외침이 아니다. 그것은 하나님의 자녀라는 내적 확신에서 나온 외침이다. 그래서 바울은 "성령[양자의 영]이 친히 우리의 영과 더불어 우리가 하나님의 자녀인 것을 증언하시나니"라고 말한 것이고, "하나님이 그 아들의 영을 우리 마음 가운데 보내사"라고 말한 것이다.

고난을 이길 힘 ❧

이처럼 성령의 보증은 우리에게 확신을 준다. 그래서 미래의 기업에 대한 소망을 품게 하신다. 신자의 삶에서 이러한 확신과 소망은 매우 중요하다. 신자의 삶에는 많은 고난이 존재하기 때문이다. 신자에게는 모든 사람이 겪는 고난 외에도 의를 위하여, 복음을 위하여, 그리스도를 위하여 받는 고난이 있다. 그런데 이러한 고난을 이길 힘이 어디서 올까? 그것은 바로 성령의 보증이 주는 확신과 소망에서 온다.

예수님은 이렇게 말씀하셨다. "나로 말미암아 너희를 욕하고 박해하고 거짓으로 너희를 거슬러 모든 악한 말을 할 때에는 너희에게 복이 있나니 기뻐하고 즐거워하라 하늘에서 너희의 상이 큼이라 너희 전에 있던 선지자들도 이같이 박해하였느니라"(마 5:11-12). 핍박 가운데서도 기뻐하고 즐거워할 수 있는 힘은 미래에 대한 확신과 소망에서 온다. 히브리서에는 이런 말씀이 있다. "전날에 너희가 빛을 받은 후에 고난의 큰 싸움을 견디어 낸 것을 생각하라 혹은 비방과 환난으로써 사람에게 구경거리가 되고 혹은 이런 형편에 있는 자들과 사귀는 자가 되었으니 너희가 갇힌 자를 동정하고 너희 소유를 빼앗기는 것도 기쁘게 당한 것은 더 낫고 영구한 소유가 있는 줄 앎이라"(히 10:32-34). "믿음으로 모세는 장성하여 바로의 공주의 아들이라 칭함 받기를 거절하고 도리어 하나님의 백성과 함께 고난 받기를 잠시 죄악의 낙을 누리는 것보다 더 좋아하고 그리스도를 위하여 받는 수모를 애굽의 모든 보화보다 더 큰 재물로 여겼으니 이는 상 주심을 바라봄이라"(히 11:24-26). 이처럼 현재의 고난을 이길 힘은 미래에 대한 확신과 소망에서 나온다. 그런데 이와 같은 미래에 대한 확신과 소망은 성령의 보증으로 주어진다. 우리 안에 거하시는 성령께서 앞으로 일어날 일(신령한 몸을 입는 것, 하나님의 약속, 기업)의 보증이 되신다.

성령의 보증은 종말에 우리가 누릴 성령의 충만한 은혜를 현재미리 조금 맛보는 것이다. 따라서 그것은 정도의 차이가 있을 뿐 종류가 다른 것은 아니다. 현재와 종말에서 우리가 경험하는 성령의 누림에는 연속성이 존재한다. "성령의 처음 익은 열매"라는 말은 그런 연속성을 보여준다. 첫 열매와 나중 열매 사이에는 분명히 공통점이 존재한다. 싱클레어 퍼거슨은 성령의 보증에 대한 존 오웬의 가르침을 이런 말로 정리했다. "현재 성령을 누리는 것은 미래에 알려질 하나님을 누림에 있어서 성령 충만함의 일부다."[42]

로마서 15장 13절은 이러한 성령의 보증을 실제적으로 보여준다. "소망의 하나님이 모든 기쁨과 평강을 믿음 안에서 너희에게 충만하게 하사 성령의 능력으로 소망이 넘치게 하시기를 원하노라." 여기에 대한 제임스 뷰캐넌의 설명은 이렇다.

---

42 Sinclair B. Ferguson, *John Owen on the Christian Life* (Edinburgh: The Banner of Truth Trust, 1987), 96.

우리는 미래의 살아 있는 역동적 소망을 경험하기 이전에, 현재에도 믿음을 통한 기쁨과 평강이 있음을 배우게 된다. 우리가 복음을 믿고 현재의 어느 정도의 평화를 누리기 전까지는 죽음 이후의 영원한 삶에 대한 참된 소망을 결코 소유하지 못한다는 것은 불변하는 사실이다.[43]

우리에게 이런 성령의 보증이 있는가? 우리는 종말에 누릴 영광과 축복을 현재 이 땅에서 미리 조금 맛보고 있는가? 사도 베드로는 바울이 말한 성령의 보증을 이런 식으로 표현했다. "오히려 너희가 그리스도의 고난에 참여하는 것으로 즐거워하라 이는 그의 영광을 나타내실 때에 너희로 즐거워하고 기뻐하게 하려 함이라 너희가 그리스도의 이름으로 치욕을 당하면 복 있는 자로다 영광의 영 곧 하나님의 영이 너희 위에 계심이라"(벧전 4:13-14). 성령은 "영광의 영"으로서 종말에 나타날 그리스도의 영광을 미리 조금 맛보게 한다. 이것이 현재의 고난을 이기게 하는 힘이다.

---

43 Buchanan, 『성령의 사역, 회심과 부흥』, p.556.

CHAPTER
17
성령의 열매

———

"오직 성령의 열매는 사랑과 희락과 화평과 오래 참음과 자비와
양선과 충성과 온유와 절제니 이같은 것을 금지할 법이 없느니라"
_ **갈 5:22-23**

여기 "오직"은 "그러나"로 바꿀 수 있는 말이다. 이것은 앞에 나온
내용과 대조를 이룬다. 바울은 "성령의 열매"를 앞에 나온 "육체의
일"과 대조시켜 말한 것이다. "육체의 일은 분명하니 곧 음행과 더
러운 것과 호색과 우상 숭배와 주술과 원수 맺는 것과 분쟁과 시기
와 분냄과 당 짓는 것과 분열함과 이단과 투기와 술 취함과 방탕함
과 또 그와 같은 것들이라"(갈 5:19-21상).

신적 본질 ❧

바울은 "육체의 일"처럼 "성령의 일"이라고 하는 대신에 "성령의 열매"라고 말한다. "열매"라는 말은 그것이 "성령"에서 나온 것임을 강조한다. 그래서 바울은 "열매"라는 말을 단수로 표현했다. 이것은 "사랑과 희락과 화평과 오래 참음과 자비와 양선과 충성과 온유와 절제"가 다 한 성령에서 나온 것임을 나타낸다. 조나단 에드워즈는 모든 은혜가 성령에서 나온다는 점을 이렇게 설명했다.

영혼 속에 있는 은혜들은 성령께서 역사하시는 결과입니다. 성령께서는 자신의 본질을 그렇게 전달하십니다. 그것은 샘에 있는 물과 같은 이치입니다. 샘에서 나는 물이 만들어내는 물줄기가 다르기는 하나 그 성질은 하나입니다. 그 물줄기들이 다 같은 한 원천에서 나오기 때문입니다. 은혜도 마찬가지입니다. 같은 거룩한 성질을 띠고 있습니다. 그 은혜에 각기 다른 이름을 붙이기는 했지만, 서로 긴밀하게 연관되어 있습니다. 그들의 차이는 본질적인 차이라기보다는 그 은혜마다 적용되는 대상과 실행 양태의 차이일 뿐입니다.[44]

---

44 Jonathan Edwards, *Charity and Its Fruits*, 『(고린도전서 13장) 사랑』, 서문강 역(서울: 청교도신앙사, 2012), p.334.

여기서 바울이 성령의 열매로 사랑을 가장 먼저 언급한 것에 주목할 필요가 있다. 흔히 성령의 열매를 셋으로 구분하곤 한다. 하나님께 대한 것(사랑, 희락, 화평), 타인에 대한 것(오래 참음, 자비, 양선), 자신에 대한 것(충성, 온유, 절제) 등이다. 이러한 구분이 근거가 있는 것은 아니다. 그러면 바울이 사랑을 가장 먼저 언급한 것은 무슨 의미가 있을까? 바울이 어떤 맥락에서 성령의 열매를 말했는지를 보면 알 수 있다.

바울이 갈라디아서에서 처음 권면한 내용은 이것이다. "그리스도께서 우리를 자유롭게 하려고 자유를 주셨으니 그러므로 굳건하게 서서 다시는 종의 멍에를 메지 말라"(갈 5:1). 그러면서 그는 할례를 받는 것이 다시 종의 멍에를 메는 것이라고 말한다. "내가 할례를 받는 각 사람에게 다시 증언하노니 그는 율법 전체를 행할 의무를 가진 자라"(갈 5:3). 이와 함께 그는 그리스도인에게 중요한 것은 할례가 아니라 사랑으로써 역사하는 믿음이라고 말한다. "그리스도 예수 안에서는 할례나 무할례나 효력이 없으되 사랑으로써 역사하는 믿음뿐이니라"(갈 5:6).

그런 다음, 바울은 다시 갈라디아 여러 교회에 권면한다. "형제들아 너희가 자유를 위하여 부르심을 입었으나 그러나 그 자유로 육체의 기회를 삼지 말고 오직 사랑으로 서로 종 노릇 하라 온 율법은 네 이웃 사랑하기를 네 자신 같이 하라 하신 한 말씀에서 이루어졌나니 만일 서로 물고 먹으면 피차 멸망할까 조심하라"(갈 5:13-15). 이처럼 바울이 갈라디아 여러 교회에 권면을 통해 강조한 것은 사랑의 실천이다.

그렇다면 어떻게 이러한 사랑의 실천이 가능할까? 여기서 바울은 성령을 언급한다. 그는 "너희는 성령을 따라 행하라"(갈 5:16)고 말한다. 그리고 이어서 "너희가 만일 성령의 인도하시는 바가 되면"(갈 5:18)이라 말하고, "만일 우리가 성령으로 살면 또한 성령으로 행할지니"(갈 5:25)라고 말한다. 그러는 가운데 그는 성령의 열매로서 맨 처음에 "사랑"을 언급한 것이다.

따라서 바울의 논지는 분명하다. 사랑의 실천은 성령을 좇아 행할 때, 성령의 인도하시는 바가 될 때, 성령으로 행할 때 가능하다는 것이다. 성경이 보여주는 대로 성령이 사랑의 원천이기 때문이다. "형제들아 내가 우리 주 예수 그리스도와 성령의 사랑으로 말미암아 너희를 권하노니 너희 기도에 나와 힘을 같이하여 나를 위하여 하나님께 빌어"(롬 15:30). "그러므로 그리스도 안에 무슨 권면이나 사랑의 무슨 위로나 성령의 무슨 교제나 긍휼이나 자비가 있거든"(빌 2:1). "성령 안에서 너희 사랑을 우리에게 알린 자니라"(골 1:8).

마찬가지로, 성령은 희락(기쁨)의 원천이시다. "제자들은 기쁨과 성령이 충만하니라"(행 13:52). "또 너희는 많은 환난 가운데서 성령의 기쁨으로 말씀을 받아 우리와 주를 본받은 자가 되었으니"(살전 1:6). 또 성령은 희락(기쁨)과 화평(평강)의 원천이시다. "하나님의 나라는 먹는 것과 마시는 것이 아니요 오직 성령 안에 있는 의와 평강과 희락이라"(롬 14:17). 또 성령은 화평(평안)의 원천이시다. "평안의 매는 줄로 성령이 하나 되게 하신 것을 힘써 지키라"(엡 4:3). 또 성령은 오래 참음과 자비 그리고 사랑의 원천이시다. "깨끗함과 지식과 오래 참음과 자비함과 성령의 감화와 거짓이 없는 사랑과"(고후 6:6). 또 성령은 온유의 원천이시다. "형제들아 사람이 만일 무슨 범죄한 일이 드러나거든 신령한 너희는 온유한 심령으로 그러한 자를 바로잡고 너 자신을 살펴보아 너도 시험을 받을까 두려워하라"(갈 6:1). 이때 "신령한 너희"는 앞에서 말한 "너희는 성령을 따라 행하라" 또는 "너희가 만일 성령의 인도하시는 바가 되면" 또는 "만일 우리가 성령으로 살면 또한 성령으로 행할지니"라는 말과 관련이 있다.

이처럼 "사랑과 희락과 화평과 오래 참음과 자비와 양선과 충성과 온유와 절제"는 그리스도인이 성령을 좇아 행할 때 나타나는 열매다. 이런 점에서 성령의 열매로 열거된 덕목은 세상적인 미덕과 구별되어야 한다. 그 차이는 성령의 열매로 열거된 덕목이 신적이라는 데 있다. 이 덕목은 사람이 스스로 획득할 수 있는 것이 아니라, 오직 하나님으로부터 오는 것이다. 다시 말하면, 성령의 열매로 열거된 덕목은 본디 하나님 자신의 도덕적 특성(신적 본질)에 속한 것이다.

그래서 사도 바울은 이렇게 말했다. "하나님을 따라 의와 진리의 거룩함으로 지으심을 받은 새 사람을 입으라"(엡 4:24). 그런 다음 이어지는 구체적인 설명 중에 친절함에 관한 말씀이 나온다. "서로 친절하게 하며 불쌍히 여기며 서로 용서하기를 하나님이 그리스도 안에서 너희를 용서하심과 같이 하라"(엡 4:32). 이 친절함은 하나님의 도덕적 특성(인자하심, 롬 2:4; 벧전 2:3)에 속한 것이다. 또 사도 베드로는 이렇게 말했다. "이로써 그 보배롭고 지극히 큰 약속을 우리에게 주사 이 약속으로 말미암아 너희가 정욕 때문에 세상에서 썩어질 것을 피하여 신성한 성품에 참여하는 자가 되게 하려 하셨느니라 그러므로 너희가 더욱 힘써 너희 믿음에 덕을, 덕에 지식을, 지식에 절제를, 절제에 인내를, 인내에 경건을, 경건에 형제 우애를, 형제 우애에 사랑을 더하라"(벧후 1:4-7). 여기 "절제"와 "사랑"은 "신의 성품[본질]"에 속한 것이다. 또 사도 요한은 이렇게 말한 것을 볼 수 있다. "어느 때나 하나님을 본 사람이 없으되 만일 우리가 서로 사랑하면 하나님이 우리 안에 거하시고 그의 사랑이 우리 안에 온전히 이루어지느니라"(요일 4:12). 그리스도인의 사랑은 하나님의 사랑이 그 속에서 온전히 이룬 것이다. 즉, 그리스도인의 사랑은 하나님의 사랑에 속한 것이다.

신적 본질에 대한 경험 ❧

이렇게 하나님의 본질에 속한 덕목은 그 본질에 대한 경험을 통해 주어진다. 다시 말하면, 하나님의 사랑을 받아 본 사람만이 그와 같은 사랑을 실천할 수 있다. 타인에 대한 그리스도인의 사랑은 그리스도인 자신에 대한 하나님의 사랑에서 나오기 때문이다. 이런 점에서 그리스도인에게 남을 사랑하라는 권면은 그 자신이 사랑받은 사실을 전제한다. "사랑은 여기 있으니 우리가 하나님을 사랑한 것이 아니요 하나님이 우리를 사랑하사 우리 죄를 속하기 위하여 화목제물로 그 아들을 보내셨음이라 사랑하는 자들아 하나님이 이같이 우리를 사랑하셨은즉 우리도 서로 사랑하는 것이 마땅하도다"(요일 4:10-11). "그가 우리를 위하여 목숨을 버리셨으니 우리가 이로써 사랑을 알고 우리도 형제들을 위하여 목숨을 버리는 것이 마땅하니라"(요일 3:16). "그러므로 사랑을 받는 자녀 같이 너희는 하나님을 본받는 자가 되고 그리스도께서 너희를 사랑하신 것 같이 너희도 사랑 가운데서 행하라 그는 우리를 위하여 자신을 버리사 향기로운 제물과 희생제물로 하나님께 드리셨느니라"(엡 5:1-2). "그러므로 너희는 하나님이 택하사 거룩하고 사랑 받는 자처럼 긍휼과 자비와 겸손과 온유와 오래 참음을 옷 입고 누가 누구에게 불만이 있거든 서로 용납하여 피차 용서하되 주께서 너희를 용서하신 것 같이 너희도 그리하고 이 모든 것 위에 사랑을 더하라 이는 온전하게 매는 띠니라"(골 3:12-14). 하나님의 사랑, 그리스도의 사랑을 모르는 사람은 진정한 의미에서 남을 사랑할 수 없다. 이런 점에서 바울이 말한 "사랑으로써 역사하는 믿음"(갈 5:6)은 "나를 사랑하사 나를 위하여 자기 자신을 버리신 하나님의 아들을 믿는 믿음"(갈 2:20)이다.

그런데 이러한 하나님의 사랑을 그리스도인에게 알게 하시는 분이 성령이다. "소망이 우리를 부끄럽게 하지 아니함은 우리에게 주신 성령으로 말미암아 하나님의 사랑이 우리 마음에 부은 바 됨이니"(롬 5:5). 이처럼 성령은 그리스도인에게 하나님의 사랑을 전달함으로써, 타인에 대한 그들의 사랑의 원천이 되신다. 따라서 바울이 "성령의 사랑으로 말미암아 너희를 권하노니"(롬 15:30)라고 말할 수 있는 것은, 자신이 성령을 통해 하나님의 사랑을 경험했기 때문이다.

성령의 역사를 통해 하나님의 사랑을 경험한 적이 있는가? 성령을 통해 그리스도의 사랑을 뜨겁게 느낀 적이 있는가? 하나님의 사랑 때문에 감격하여 눈물을 흘린 적이 있는가? 우리에게 다른 사람에 대한 사랑이 없다면, 그것은 하나님의 사랑을 알게 해주시는 성령의 역사를 모르기 때문이 아닌가? 우리에게 형제에 대한 사랑이 없다면, 성령께서 우리를 위해 목숨을 버리신 그리스도의 사랑으로 우리를 감동시키신 일이 없기 때문이다. 오직 성령께서 "우리 주 그리스도 예수 안에 있는 하나님의 사랑"(롬 8:39)을 알게 해주셔야 한다.

율법의 목적 🐦

그런데 바울은 성령의 열매를 말하면서 이런 설명을 덧붙인다. "이같은 것을 금지할 법이 없느니라." 여기 "이같은 것"(복수)은 앞에 열거된 성령의 열매를 가리킨다. 그렇다면 바울의 이 설명은 무슨 뜻일까? 문자적으로 이해하면 성령의 열매를 금지하는 법은 없다는 뜻이다. 이 말은 성령의 열매가 잘못된 것은 아니라는 의미다. 이것은 사실상 필요 없는 말이다.

그렇다면 바울이 사용한 표현은 '금지하는' 것을 말하지 않는다. 동일한 표현이 3장 21절에 나온다. "그러면 율법이 하나님의 약속들과 반대되는 것이냐 결코 그럴 수 없느니라 만일 능히 살게 하는 율법을 주셨더라면 의가 반드시 율법으로 말미암았으리라." 여기 '반대되다'로 번역된 말이 동일한 표현이다. 이때 바울이 말한 것은 분명하다. 율법은 하나님의 약속에 나타난 하나님의 뜻을 따르지 않을 수 없고 거역할 수 없다는 것이다. 왜냐하면 율법도 하나님이 주신 것인데, 그 목적이 하나님의 약속을 위한 것이기 때문이다. 그 점을 바울은 앞에서 이렇게 설명했다. "만일 그 유업이 율법에서 난 것이면 약속에서 난 것이 아니리라 그러나 하나님이 약속으로 말미암아 아브라함에게 주신 것이라 그런즉 율법은 무엇이냐 범법하므로 더하여진 것이라 천사들을 통하여 한 중보자의 손으로 베푸신 것인데 약속하신 자손이 오시기까지 있을 것이라 그 중보자는 한 편만 위한 자가 아니나 하나님은 한 분이시니라"(갈 3:18-20).

따라서 바울이 말한 것은 '이같은 것을 금지할 법이 없다'는 게 아니라 '이같은 것을 반대할 법이 없다'는 것이다. 즉, 율법은 성령의 열매를 반대하지 않는다는 것이다. 왜냐하면 율법의 목적이 성령의 열매에 있기 때문이다. 예를 들면, 사랑은 성령의 열매로서 율법의 목적이다. 바울은 이미 갈라디아서 5장 14절에서 이 사실을 언급했다. "온 율법은 네 이웃 사랑하기를 네 자신 같이 하라 하신 한 말씀에서 이루어졌나니." 로마서 13장 8-10절은 이 사실을 가장 분명하게 보여준다. "피차 사랑의 빚 외에는 아무에게든지 아무 빚도 지지 말라 남을 사랑하는 자는 율법을 다 이루었느니라 간음하지 말라, 살인하지 말라, 도둑질하지 말라, 탐내지 말라 한 것과 그 외에 다른 계명이 있을지라도 네 이웃을 네 자신과 같이 사랑하라 하신 그 말씀 가운데 다 들었느니라 사랑은 이웃에게 악을 행하지 아니하나니 그러므로 사랑은 율법의 완성이니라." 이처럼 성령의 열매는 율법을 이루는 것이다. 그렇기 때문에 율법이 성령의 열매를 반대하지 않는다. "이같은 것을 금지할[반대할] 법이 없느니라."

기억할 것은, 성령의 열매가 율법을 이루는 것이라는 사실이다. 하나님은 우리에게 율법의 요구가 이루어지게 하려고 자기 아들을 보내셨다. "율법이 육신으로 말미암아 연약하여 할 수 없는 그것을 하나님은 하시나니 곧 죄로 말미암아 자기 아들을 죄 있는 육신의 모양으로 보내어 육신에 죄를 정하사 육신을 따르지 않고 그 영을 따라 행하는 우리에게 율법의 요구가 이루어지게 하려 하심이니라"(롬 8:3-4). 그런 만큼 이제 그리스도 안에서 율법의 요구가 이루어진 우리에게 율법을 이루는 삶보다 더 중요한 것은 없다. 이것은 "육신을 따르지 않고 그 영을 따라 행하는" 삶이다.

그렇다면 그리스도인이 성령의 열매를 맺는 것보다 더 중요한 것은 없다. 하나님께서 보실 때, 성령의 열매는 그분이 주신 율법을 이루는 것이기에 무엇보다 중요하다. 다른 말로 하면, "사랑과 희락과 화평과 오래 참음과 자비와 양선과 충성과 온유와 절제"가 하나님의 평가 기준이다. 사람들은 여러 다른 기준으로 평가할 것이다. 그러나 하나님이 평가하시는 궁극적인 기준은 다름 아닌 성령의 열매다. R. C. 스프롤은 이 점을 잘 지적했다.

성령의 열매가 우리의 의로움을 평가하는 가장 높은 기준으로 간주되지 않는 것은 우연이 아니다. 우리는 다른 기준을 더 좋아한다. 우리 안에 육적인 것이 매우 많이 자리 잡고 있기 때문이다. 열매의 시험은 너무 높다. 우리는 그 열매를 맺을 수 없다. 그래서 우리는 기독교 하부 문화 안에서 우리가 더 성공적인 존재로 평가받을 수 있을 만한 더 수월한 시험들을 격상시키고 싶어한다. 성령에 약간의 육신을 혼합한다면, 우리는 훨씬 수월하게 서로와 경쟁할 수 있는 것이다.

우리를 우리의 사랑으로 평가하기란 얼마나 힘든 일인가? 제발 나를 온유의 잣대로 평가하지 말라. 인내를 성장 척도로 삼기에 나는 매우 성급하다. 나로서는 참는 것보다 설교하는 편이 더 쉽다.

화평을 실천하기보다는 화평에 관한 책을 쓰는 편이 더 쉽다.[45]

성령의 열매가 갖는 중요성을 인식하고 있는가? 성령의 열매가 하나님 앞에서 궁극적인 평가 기준임을 알고 있는가? 자신의 출세와 성공, 그것을 가능하게 한 자신의 재능과 능력을 자랑하는가? 자신의 지위와 명예를 자랑하는가? 자랑해야 할 것은 "사랑과 희락과 화평과 오래 참음과 자비와 양선과 충성과 온유와 절제"임을 아는가? 우리가 이룬 어떤 성취나 업적보다 하나님의 도덕적 형상을 닮는 것, 즉 성령의 열매가 더 중요하다. 바울은 이 중요성을 이렇게 표현했다. "내가 사람의 방언과 천사의 말을 할지라도 사랑이 없으면 소리 나는 구리와 울리는 꽹과리가 되고 내가 예언하는 능력이 있어 모든 비밀과 모든 지식을 알고 또 산을 옮길 만한 모든 믿음이 있을지라도 사랑이 없으면 내가 아무 것도 아니요 내가 내게 있는 모든 것으로 구제하고 또 내 몸을 불사르게 내줄지라도 사랑이 없으면 내게 아무 유익이 없느니라"(고전 13:1-3).

그러므로 사랑으로 대표되는 성령의 열매는 그리스도인이 우선적으로 추구해야 할 목표다. 다른 어떤 것도 결코 이 목표를 대신할

---

45 R. C. Sproul, *The Mystery of The Holy Spirit*, 『성령』, 김진우 역(서울: 생명의말씀사, 2014), pp.176-177.

수 없다. 건강, 돈, 행복, 자녀 교육, 사업 성공, 목회 성공이 성령의 열매라는 목표를 대신해서는 안 된다. 다른 목표는 전부 우리 스스로 얻을 수 있는 열매일지 모르지만 성령의 열매는 그렇지 않다. 하나님은 이 성령의 열매로 우리를 평가하신다. 하나님은 마지막 때에도 "사랑과 희락과 화평과 오래 참음과 자비와 양선과 충성과 온유와 절제"라는 열매로 우리를 평가하실 것이다.

CHAPTER
18

성령으로 충만함을 받으라

————

"술 취하지 말라 이는 방탕한 것이니 오직 성령으로 충만함을 받
으라 시와 찬송과 신령한 노래들로 서로 화답하며 너희의 마음으로
주께 노래하며 찬송하며 범사에 우리 주 예수 그리스도의 이름으로
항상 아버지 하나님께 감사하며 그리스도를 경외함으로 피차 복종
하라" _ 엡 5:18-21

이 말씀은 헬라어로 한 문장이다. 이 문장은 "성령으로 충만함을
받으라"는 명령과 그것을 수식하는 분사구문들로 되어 있다. "술 취
하지 말라 이는 방탕한 것이니 오직 성령으로 충만함을 받으라 시
와 찬송과 신령한 노래들로 서로 화답하며 너희의 마음으로 주께
노래하며 찬송하며 범사에 우리 주 예수 그리스도의 이름으로 항상

아버지 하나님께 감사하며 그리스도를 경외함으로 피차 복종하라."

성령으로 충만함을 받으라 ✎

그러면 "성령으로 충만함을 받으라"는 명령부터 살펴보자. 이 명령은 무슨 뜻일까? 여기서 성령은 충만함을 받는 내용일까? 아니면 충만함을 받는 도구일까? 만일 전자라면, 이 명령은 "성령의 충만함을 받으라"(Be full of the Spirit)가 될 것이다. 그러나 후자라면, 이 명령은 "성령에 의해서 충만함을 받으라"(Be filled by the Spirit)가 될 것이다. "성령으로 충만함을 받으라"(Be filled with the Spirit)는 말은 두 가지 의미가 다 가능하다.

여기서 고려할 것은 두 가지다. 하나는 "술 취하지 말라"와 "성령으로 충만함을 받으라"의 대조다. "술 취하지 말라"고 할 때 술은 취하는 내용이 아니라 취하는 도구다. 즉, 바울이 말한 것은 "술에 의해서 취하지 말라"는 의미다. 마찬가지로, "성령으로 충만함을 받으라"고 할 때 성령은 충만함을 받는 내용이 아니라 충만함을 받는 도구다. 따라서 바울이 말한 것은 "성령에 의해서 충만함을 받으라"는 의미다.

또 하나는 바울이 "성령으로"(엔 프뉴마티)라는 표현을 어떤 의미로 사용했는가 하는 것이다. 바울은 이 표현을 일관되게 도구적인 의미로 사용했다. "이는 그로 말미암아 우리 둘이 한 성령 안에서[한 성령에 의해서] 아버지께 나아감을 얻게 하려 하심이라"(엡 2:18). "너희도 성령 안에서[성령에 의해서] 하나님이 거하실 처소가 되기 위하여 그리스도 예수 안에서 함께 지어져 가느니라"(엡 2:22). "이제 그의 거룩한 사도들과 선지자들에게 성령으로[성령에 의해서] 나타내신 것 같이 다른 세대에서는 사람의 아들들에게 알리지 아니하셨으니"(엡 3:5). "하나님의 성령을 근심하게 하지 말라 그 안에서[성령에 의해서] 너희가 구원의 날까지 인치심을 받았느니라"(엡 4:30). "모든 기도와 간구를 하되 항상 성령 안에서[성령에 의해서] 기도하고 이를 위하여 깨어 구하기를 항상 힘쓰며 여러 성도를 위하여 구하라"(엡 6:18).

이 점은 바울이 쓴 다른 편지에서도 마찬가지다. "이 은혜는 곧 나로 이방인을 위하여 그리스도 예수의 일꾼이 되어 하나님의 복음의 제사장 직분을 하게 하사 이방인을 제물로 드리는 것이 성령 안에서[성령에 의해서] 거룩하게 되어 받으실 만하게 하려 하심이라"(롬 15:16). "그러므로 내가 너희에게 알리노니 하나님의 영으로[하나님의 영에 의해서] 말하는 자는 누구든지 예수를 저주할 자라 하지 아니하고 또 성령으로[성령에 의해서] 아니하고는 누구든지 예수를 주시라 할 수 없느니라"(고전 12:3). "우리가 유대인이나 헬라인이나 종이나 자유인이나 다 한 성령으로[한 성령에 의해서] 세례를 받아 한 몸이 되었고 또 다 한 성령을 마시게 하셨느니라"(고전 12:13). 따라서 "성령으로 충만함을 받으라"는 명령은 '성령에 의해서 충만함을 받으라'는 뜻이다.

그러면 '성령에 의해서 충만함을 받으라'고 할 때 무엇으로 충만함을 받는 것일까? 이것은 에베소서에서 '충만함을 받다'라는 말이 사용된 경우를 보면 알 수 있다. 에베소서에서 성도들이 충만함을 받아야 할 것으로 말한 것은 두 가지가 있다.

"그 너비와 길이와 높이와 깊이가 어떠함을 깨달아 하나님의 모든 충만하신 것으로 너희에게 충만하게 하시기를 구하노라"(엡 3:19). 하나는 이 말씀에 나온다. 여기서 바울이 에베소에 있는 성도들을 위해 간구한 내용은 이것이다. 그들이 하나님의 모든 충만하신 것에 이르도록 충만하게 되는 것이다. 이때 성도들이 충만함을 받아야 할 것은 "하나님의 모든 충만하신 것"이다.

또 하나가 있다. "우리가 다 하나님의 아들을 믿는 것과 아는 일에 하나가 되어 온전한 사람을 이루어 그리스도의 장성한 분량이 충만한 데까지[헬라어로는 '그리스도의 충만의 장성한 분량에까지'] 이르리니"(엡 4:13). 여기서 바울이 말한 것은 교회가 그리스도의 충만의 장성한 분량에 이르는 것이다. 이때 성도들이 충만함을 받아야 할 것은 "그리스도의 충만의 장성한 분량"이다.

그렇다면 '성령에 의해서 충만함을 받으라'고 할 때, 그것은 "하나님의 모든 충만하신 것" 또는 "그리스도의 충만의 장성한 분량"으로 충만함을 받는 것을 말한다. 다시 말하면, 성령에 의한 충만함은 다름 아닌 하나님의 충만함이고 그리스도의 충만함이다. 성령의 역할은 하나님의 충만함과 그리스도의 충만함을 성도에게 전달하는 것이다. 이것은 실제적으로 성도들이 성령에 의해서 하나님과 그리스도의 형상으로 변화되는 것을 의미한다. 성령에 의한 충만함은 하나님을 닮는 것이고 그리스도를 닮는 것이다. 이것은 앞에서 바울이 성도들을 위해 기도한 내용이다. "그의 영광의 풍성함을 따라 그의 성령으로 말미암아 너희 속사람을 능력으로 강건하게 하시오며 믿음으로 말미암아 그리스도께서 너희 마음에 계시게 하시옵고[이것은 그리스도의 형상으로 변화되는 것을 의미한다] 너희가 사랑 가운데서 뿌리가 박히고 터가 굳어져서 능히 모든 성도와 함께 지식에 넘치는 그리스도의 사랑을 알고 그 너비와 길이와 높이와 깊이가 어떠함을 깨달아 하나님의 모든 충만하신 것으로 너희에게 충만하게 하시기를 구하노라"(엡 3:16-19).

또 이것은 앞에서 바울이 성도들에게 권면한 내용이다. "오직 사랑 안에서 참된 것을 하여 범사에 그에게까지 자랄지라 그는 머리니 곧 그리스도라"(엡 4:15). "오직 너희의 심령이 새롭게 되어 하나님을 따라 의와 진리의 거룩함으로 지으심을 받은 새 사람을 입으라"(엡 4:23-24). "서로 친절하게 하며 불쌍히 여기며 서로 용서하기를 하나님이 그리스도 안에서 너희를 용서하심과 같이 하라 그러므로 사랑을 받는 자녀 같이 너희는 하나님을 본받는 자가 되고 그리스도께서 너희를 사랑하신 것 같이 너희도 사랑 가운데서 행하라 그는 우리를 위하여 자신을 버리사 향기로운 제물과 희생제물로 하나님께 드리셨느니라"(엡 4:32-5:2).

이처럼 성령에 의해서 충만함을 받는 것은 하나님을 닮는 것이고, 그리스도를 닮는 것이다. 이것은 앞에서 살펴본 성령의 열매와 밀접한 관련이 있다. 성령의 열매 역시 하나님의 도덕적 특성(본질)을 반영하는 것이기 때문이다. 우리에게 성령의 열매가 나타나려면 우리는 성령에 의해서 충만함을 받아야 한다.

기억할 것은, 사도 바울이 이 편지에서 이미 이렇게 말했다는 사실이다. "그 안에서 너희도 진리의 말씀 곧 너희의 구원의 복음을 듣고 그 안에서 또한 믿어 약속의 성령으로 인치심을 받았으니"(엡 1:13). "하나님의 성령을 근심하게 하지 말라 그 안에서 너희가 구원의 날까지 인치심을 받았느니라"(엡 4:30). 에베소의 성도들은 이미 성령으로 인치심받은 사람들이다. 그들은 믿을 때 이미 성령으로 세례를 받았고, 그래서 성령은 그들 안에 거하신다. 그런 그들에게 바울이 "성령으로 충만함을 받으라"고 말한 것이다. 그들은 성령을 받은 것으로 만족해서는 안 된다. 그들에게는 성령에 의해서 충만함을 받는 일이 여전히 필요하다.

여기서 주목할 것은 후크마의 말대로 "모든 신자가 성령으로 인침을 받은 것은 사실이지만 그렇다고 모든 신자가 성령으로 충만한 것은 아니라는 사실"[46]이다. 우리는 "성령으로 충만함을 받으라"는 말씀이 모든 신자에게 주어진 명령임을 기억해야 한다. 우리는 성령에 의한 충만을 사모하고 구해야 한다. 이 점에서 D. A. 카슨의 지적에 귀를 기울여야 한다.

많은 비은사주의자들은 과도한 제2의 축복 신학에 대한 반작용으로 그들의 회심과 관련된 한 번의 주어짐에만 개방적이어서 주를 또는 깊은 영적 체험을 더 추구하는 것은 현명하거나 필요한 것으로 생각되지 않는다. 그러나 훈련되고 자기를 낮추는 기도로써 주를 찾고 결과적으로 성령을 독특하게 더 체험하게 되는 신약의 신

---

46 Anthony A. Hoekema, *Saved By Grace*, 『개혁주의 구원론』, 류호준 역(서울: 기독교문서선교회, 1991), p.89.

자들에 대한 성경의 확고한 증거가 있다.[47]

이런 점에서 "성령으로 충만함을 받으라"는 명령은 우리에게 중요하다.

하나님께 대한 예배와 사람과의 관계 ∾

그다음, "성령으로 충만함을 받으라"는 명령에 따르는 설명을 살펴보자. "시와 찬송과 신령한 노래들로 서로 화답하며 너희의 마음으로 주께 노래하며 찬송하며 범사에 우리 주 예수 그리스도의 이름으로 항상 아버지 하나님께 감사하며 그리스도를 경외함으로 피차 복종하라"(19-21절). 이 설명은 성령으로 충만함을 받을 때 나타나는 결과다. 술 취함이 방탕으로 나타나듯이, 성령에 의한 충만은 찬송과 감사와 복종으로 나타난다.

이것은 우리 삶에서 중요한 두 가지 영역을 포함한다. 하나는 하나님께 대한 예배다. 우선, 성령에 의한 충만은 찬송으로 나타난다. "시와 찬송과 신령한 노래들로 서로 화답하며 너희의 마음으로 주

---

47   D. A. Carson, *Showing the Spirit* (Grand Rapids: Baker, 1987), 159.

께 노래하며 찬송하며"(19절). 이것은 찬송의 수평적인 면과 수직적인 면을 말한 것이다("서로"와 "주께"). 술 취함이 방탕으로 나타나는 것과 성령에 의한 충만이 찬송으로 나타나는 것 사이에는 유비가 존재한다. 그것은 방탕과 찬송 둘 다 즐거움의 표현이라는 점이다. 그러나 성령에 의한 충만과 술 취함이 추구하는 즐거움은 다르다. 술 취함은 자신에게서 즐거움을 추구하는 것이기에 방탕으로 나타난다. 성령에 의한 충만은 하나님과 그리스도에게서 즐거움을 추구하는 것이기에 찬송으로 나타난다.

우리는 이러한 찬송의 기쁨과 즐거움을 아는가? 성령에 의해서 충만함을 받은 사람은 찬송을 통해 하나님과 그리스도에게서 즐거움을 맛본다. 이러한 찬송의 즐거움을 알지 못하는 것은 성령에 의해서 충만함을 받지 못한 증거다. 만일 당신이 찬송을 부르고 싶은 마음이 없고, 찬송을 불러도 아무런 감동이 없이 형식적으로 노래하는 것이라면, 성령에 의해서 충만함을 받지 못한 증거다.

그다음, 성령에 의한 충만은 감사로 나타난다. "범사에 우리 주 예수 그리스도의 이름으로 항상 아버지 하나님께 감사하며"(20절). 여기 복수로 쓰인 "범사에"라는 말은 바울이 에베소서에서 여러 번 사용한 말(모든 것, 모든 일, 만물, 만유, 다)과 관련이 있다. 이 말은 그리스도의 우주적 통치의 실현이라고 하는 하나님의 계획을 말할 때 사용된다. 이 그리스도의 우주적 통치에서 벗어나는 것은 아무것도 없다. 우리에게 닥쳐오는 재난, 질병, 가난, 실패, 고통 등 심지어 하늘에 있는 정사와 권세들조차 그리스도의 우주적 통치 아래 있다. 이런 점에서, 성령에 의한 충만은 우주적 감사로 나타난다. 이것은 개인의 구원 차원에서만이 아니라 우주의 회복 차원에서 감사하는 것이다. 이 감사 역시 하나님과 그리스도에 대한 즐거움을 수반한다는 점에서 방탕과 비교된다.

이러한 우주적 감사를 아는가? 아니면 일이 잘될 때만 감사하는 본성적인 감사에 머물고 있는가? 성령에 의해서 충만함을 받은 사람은 하나님을 신뢰하기 때문에 어떤 상황에서도 감사한다. 만일 당신에게 이러한 감사가 없다면, 그것은 성령에 의해서 충만함을 받지 못한 증거다.

성령에 의한 충만이 나타나는 또 다른 영역은 사람과의 관계다. "그리스도를 경외함으로 피차 복종하라"(21절). 이 '복종하다'(후포타쏘)는 상호적인 관계를 말하기 위해 사용되지 않는다. 이 말은 반드시 한 사람이 위에 있으면 다른 사람은 아래에 있는 질서, 즉 권위에 따른 질서 속에서 사용된다. 이와 함께 "피차"(서로)라는 말은 '복종하다'라는 말과 함께 사용될 때 상호적인 복종이 아니라 일방적인 복종을 의미한다. 그러므로 본문에서 "피차 복종하라"는 말은 '모든 그리스도인이 모든 다른 그리스도인에게 복종하는 것'이 아니라 '어떤 사람이 다른 사람의 권위에 복종하는 것'을 의미한다. 이때 그 동기가 되는 것은 "그리스도를 경외함"이다. 그 이유는 그리스도의 권위가 우주의 궁극적인 권위이기 때문이다. 그러므로 세상의 모든 권위는 우주의 궁극적 권위를 위해 봉사해야 한다. 또 우리가 세상의 모든 권위에 복종하는 것도 이러한 궁극적 권위를 위한 것이어야 한다.

이러한 원칙은 아내와 남편, 자녀와 아비, 종과 상전의 관계에서 실천되어야 한다. 그 내용이 에베소서 5장 22절부터 6장 9절까지 이어진다. 우리는 가정과 사회에서 우주의 궁극적 권위로서 그리스도의 권위를 인정하는가? 이와 함께 우리는 가정과 사회에서 권위에 복종하는가? 성령에 의해서 충만함을 받은 사람은 그리스도의 권위를 우주의 궁극적 권위로 인식하기에 세상의 권위에 복종한다. 만일 당신이 그리스도를 경외함으로 권위에 복종하는 아내, 자녀, 종이 아니라면, 그것은 성령에 의해서 충만함을 받지 못한 증거다. 만일 당신이 그리스도의 권위를 우주의 궁극적 권위로 인식하지 못하고 행동하는 남편, 아비, 상전이라면, 그것도 성령에 의해서 충만함을 받지 못한 증거다.

오늘날 은사주의자들은 성령에 의한 충만을 황홀한 체험으로 생각하는 경향이 있다. 또 오순절주의자들은 성령으로 충만함을 받았을 때 나타나는 외적 증거가 방언이라고 주장하기도 한다. 그러나 사도 바울이 기록한 "성령으로 충만함을 받으라"는 명령은 그런 뜻이 아니다. 그는 "성령으로 충만함을 받으라"는 명령에 이어서 성령으로 충만함을 받은 삶에 대해 설명한다. 이 말씀에 따르면, 성령에 의한 충만은 실제 삶에서 나타나는 것이다. 그것은 하나님께 대한 예배와 사람과의 관계에서 나타나는 성령의 열매다. 우리는 하나님께 대한 예배와 사람과의 관계에서 "사랑과 희락과 화평과 오래 참음과 자비와 양선과 충성과 온유와 절제"를 드러내는가? 성령에 의한 충만은 우리를 거룩하게 하시는 성령의 사역이다. 그래서 존 맥아더는 이렇게 말한다. "스스로가 성령으로 충만한지 궁금하다면, '내가 황홀경에 빠진 적이 있는가?'가 아니라 '내가 그리스도를 더욱더 닮아가고 있는가?'라고 물어야 한다."[48]

---

48 MacArthur, 『존 맥아더의 다른 불』, p.293.

성령 약속과 성취

초판 1쇄 발행 2023년 7월 26일

지은이   도지원

펴낸이   곽성종
기획편집   방재경
디자인   투에스북디자인

펴낸곳   (주)아가페출판사
등록   제21-754호(1995. 4. 12)
주소   (08806) 서울시 관악구 남부순환로 2082-33
전화   584-4835(본사) 522-5148(편집부)
팩스   586-3078(본사) 586-3088(편집부)
홈페이지   www.agape25.com
판권   ⓒ도지원 2023
ISBN   978-89-537-9666-9 (03230)

아가페 출판사